拉康派行知丛书

拉康派论情感

Les affects lacaniens

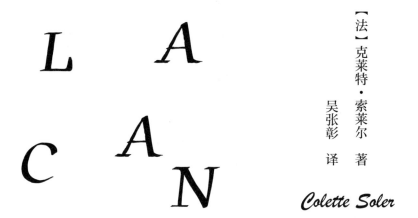

【法】克莱特·索莱尔 著

吴张彰 译

Colette Soler

广西师范大学出版社

·桂林·

拉康派行知丛书编委会

主　编

潘　恒

副主编

张　涛　孟翔鹭

编　委

高　杰　何逸飞　李新雨　骆桂莲

王润晨曦　吴张彰　徐雅珺　曾　志

中文版序

重读这部 2011 年出版的作品后，我再一次想要为它做些什么。然而时光易逝，精神分析圈子中争论的焦点有了很大的转变。我们已经几乎听不到那些"大人物们"教训拉康，说他对人类的情感漠不关心；相反，作为精神分析家和临床工作者的拉康已经举世闻名，然而，只是在"大人物们"自己的圈子里，诽谤的声音逐渐平息。拉康曾经说过，21 世纪将是拉康派的。但要保证精神分析的胜利，我们仍需更多努力，因为我们这个时代回到了另一个极端：机械决定论的支持者们，与那些坚持让言在主体承担自身冲动之责任的人们之间的古老斗争再一次出现了。我们之所以回到这一古老的争论，很明显是因为生物科学的进步，生物科学由此挽救了所谓的神经科学中那些公设的霸权性。这股风气对精神分析极为不利。

我在《拉康派论情感》中提到的那些情感，拉康曾经激情洋溢地评论过，但这些情感并不是都处在同一个层面。其中，焦虑具有一个独特而主导性的地位。不仅仅是因为这是一种人类共有的情感，也不仅是因为弗洛伊德在 1926 年将之视为症状的创伤之因，同时也是分析终点的岩床；还因为拉康曾经为此做了一年的讨论班，正是在这个讨论班中，他构建了客体 a 这一概念，这也是他（理论上）的主要创造，这一概念被定义为在想象、符号、实在的三界中的"缺失之物"。客体 a 是一个驱动者，它不固定，但它保持静谧，如同人类这架机器运作的噪音，正如拉康所说，客体 a 带来了我们这个世界的"整个现实"。如今，它更是前所未有地成了"社会的穹顶"。

尽管如此，拉康对这些情感的阐述中，最微妙、最原创的看法却体现在其他地方：只有拉康重视了这些情感，并认识到了其启发性的功能。首先，就是分析后的"不可预知的情感"。我借用了他在"巴黎弗洛伊德学院讲座"（Discours à l'EFP）中的这句表述。我曾说过，那些进入一段分析的人们都希望，最终他们只会有与情景相匹配的情感。但很遗憾，经验证明，情况并非如此。同样，只有拉康考虑到了这一微妙的情况，而非将之归因于神经症的复发。同样，我们只有提出一个假设，即情感是语言装置产生的一种"效果"，才能认识到在那些神秘、意外的突发情况中出现的信号，这种信号并不代表着能指链，而是代表着啦啦语（lalangue）。前者的效果在分析中得到了探索；但后者充斥着数不尽的模糊，永远孕育着新的情感。我所谓的情感的证明，可以补充拉康所谓的能指对无意识的证明。

我已经提到过，在拉康讨论可结束的分析的最后一篇文章《第十一讨论班英文版序言》(*Préface à l'édition anglaise du Séminaire XI*)(简称《序言》)中，他的另一个原创性观点也很清晰，即其反对弗洛伊德对于不可结束的分析的看法。拉康在文中提到了一种新的情感，一种满足感，这种满足不是对随便某些事物的满足，而是对……（分析）的结束的满足。这一看法在拉康其他文献中是找不到的。这是一种分析本身带来的治疗益处，因为它可以在分析的结束时抵消言在主体，尤其是那些弗洛伊德式的神经症们那种普遍的不满。并非在那篇文章里，拉康第一次提到分析的结束带来的益处，自《言语和语言的功能及领域》(*Fonction et champ de la parole et du langage*)开始，这个问题就是拉康持续的思索。他曾经一直在探索，直到提出了主体的"变形"。但是在这篇文章中，拉康更进一步，因为这种满足感是一种前所未有的新情感，它标志着一种超越了主体性转变的存在的转变。

我们认为：情感这一概念假设一个影响者和被影响者。另外，言在主体有两个被影响者，因为他有身体，身体被享乐所影响。而享乐又被语言所否决和切碎，于是享乐也影响着身体本身，因为身体不可能不遭遇享乐。这就是我们常说的"体验"。我模仿拉康在一篇文章里的说法，于是可以说："（作为）精神分析家，我对情感保持警觉……"因为（情感）就是我最初也是最终要处理的内容。联系着症状的痛苦、焦虑、抑制的情感，就是我们最初呈现给分析家的内容，而分析的最终则是解决性的哀悼、赞同，甚至满足的情感。我所模仿的那篇拉康的文章明显有另一个意思："（作为）精神分析家，我对信号保持警觉……"① 信号并不是能指，但它和能指有共通之处，即都是一个有关联性的元素，但是信号的基础是数字，在语义效果上与能指秩序截然不同。"信号的信号"意味着，一者等同于另一者，彼此可替代②，因此其意义并不是语义上的，信号有关于享乐，既存在于永无止境的对无意识形成物的解码过程中，也存在于无法动摇的症状的固着中。随后，被影响的享乐也会反馈到言在主体的情感中，我对这种"结感"（effect）保持警觉，与此同时，对其加倍的"信号"也是如此。精神分析当然是通过这类信号而运作的，因为分析解码着无意识所编码的内容，但是情感的功能更清晰地体现在这样一个事实中：情感就是一种信号，在指示着什么这个一般意义上而言，这种信号与其说是无意识的编码者，不如说是存在相对于其无意识的位置。

因此，我要强调我在本书最后引入的内容，也就是自 1976 年的这篇有关分析者的，有关分析结束的《序言》以来，精神分析中出现的一个前所未有的新特点。总体来说，拉康很清楚，无意识的这一维度是不可缩减的，它永无止境地在替换这些超出了"意义"的

---

① Lacan J., «Radiophonie», in Autres écrits, Seuil 2001, Paris, p.413.
② Lacan J., «Introduction à l'édition allemande des *Ecrits*» op cité, p.553.

信号，《序言》中说"无意识了解自身"，但是根据拉康的说法，他也知道，关注这种信号，也就是从中抽离出来，抽离出它的"无意义性"，从而还给它一种"真相的意义"。（分析的）结束，其实也就是"对真相之爱"的结束，这种爱与所谓的"自由联想"其实是一体的。在拉康看来，弗洛伊德仍然纠缠在这种爱中，为了创造出一位分析家，后者不得不把分析做到底。此外，弗洛伊德的全部兴趣都在此，因为半说的真相具有阉割的效果，弗洛伊德只好悲叹道，他拒绝着这种结束。这道"岩床"本质上内在于他对（分析）实践的概念化。

拉康在 1967 年就用《1967 年 10 月 9 日给学派分析家的提议》（*Proposition sur le psychanalyste de l'Ecole*）反对了弗洛伊德的看法，这篇文章提出了分析结束的解决方案就是一种主体性罢免——但并非不带有一种哀悼的意味。然而，人们留下了一个问题：从言说真相的转移空间中能得到什么？得到的只是一堵"岩床"盖在半说之洞上，而正是在那里，幻想的客体 a 浮现了出来，这就是去实质化的主体所唯一拥有的东西。但是，无意识的运作只针对那些超出意义的信号，这种运作在这方面是实在的，也是另一回事。于是，我们应当从此——从那篇《序言》开始——思考我们每个人相对于无意识的双重位置，或者说相对于双重无意识的位置：一重是主体的能指链中的位置，另一重是实在的位置，后者补充了拉康自"精神分析的行动"这一讨论班的总结报告开始，关于"无主体"的、超越意义的，但与享乐相关的无意识的概念化思考。

然而，我们的思考并非一种朝向实在无意识的"通过"。在拉康看来，没有任何一种"友谊"能阻止转移之爱的风蚀。拉康的方向对于他者（渡者、卡特尔、见证人）而言，只体现在一件事上：真相之幻的终结，当对结束感到满足时，这种满足感本身就独一无二，可以替代对真相之爱。在《序言》这篇文章里，这种满足感使得分析者对"自由联想"（包括梦境）失去了兴趣。这并不是说从此开始，主体进入了"无意义"的无意识中，因为这是不可能的。重复性趋势虽然削弱了表达真相所带来的价值，但并不能彻底消除后者，于是主体体验到了某种"不可摧毁之物"——或者说超验之物——这便可以平衡无意识上述的两个维度……这就是令人满足之处。

我们或许要看看，在精神分析（实践）中，在"通过"机制中加入这一新的视角，我们还需要做些什么。

克莱特·索莱尔（Colette Soler）

2023 年 3 月 2 日

关　键

情感这一主题对于精神分析而言十分关键。难道不是因为症状影响了一个主体，使得这个主体去找精神分析家说话，以便专家帮助他探寻并消除这些症状？如果这些症状，比方说转换型症状、强迫症状、无能症状，甚至更为不确定的不适症状，没有带来与之相关的痛苦情感——哀伤、失望、丧气，甚至是对生活的厌恶，那么又是什么需要被治愈呢？在请求一段精神分析之初，总是会有情感，这种情感体现为一种难以承受的痛苦，其期待着被治愈。面对这种期待，精神分析不能退缩。正如弗洛伊德所言，对于症状的治疗，精神分析首要的也是最终的目的就是消除那些带来了"神经症式痛苦"的情感。然而，这并不是说，精神分析旨在创造这种心如止水、波澜不惊的状态，这是"街头幽默"对精神分析家的看法。因此，拉康说，最终，每个人都只是"无法预料的情感的主体"①。于是，

①　J. Lacan, «Discours à l'EFP», *Scilicet 2-3*, Paris, Le Seuil, 1970, p.26.

我们应该说清楚，拉康派精神分析对情感的看法。

此外，在精神分析中，情感（affect）这一术语——德文是Affekt——被弗洛伊德大众化了，弗洛伊德根据先前的德国哲学传统重新理解了这个词，即用以指代一种快乐或痛苦的状态，其处在愉悦—不悦的轴线上，本身就是冲动的化身。这个术语具有非常有趣的模糊性，因为它既可以用于身体，又可以用于主体。用于前者时，我们可以说，身体受到了一些感觉或疾病的影响（affecté），而用于后者时，可以说，受到某种良好或糟糕的心态影响。在学术界，学院派传统，比如说圣托马斯（saint Thomas）则将情感（affectio）与灵魂或身体区分了开来。在如今的日常用语里面，被影响（être affecté）代表被触动（être touché），通常是以糟糕的方式被触动。那么是什么在影响？这个问题并不简单。人们对我说的，或者人们没有对我说的那些赞扬或中伤之词都不会让我无动于衷，反而会激起我的激情。但是，那些触碰我身体的东西，不论是爱抚还是虐待，是善行还是恶行，也是如此。这些东西在主体上都会带来回响，变成愉悦、愤怒、哀愁等。无论如何，由于这些东西被体验为身体平衡的失调，或者在主观上被体验为或多或少痛苦的感觉，主体总是试着把这些情感与其真相混同起来，仿佛这些情感对于主体来说就是最为外显的力量。于是，我们有必要在此加入一个可以思考这些情感的理论，这个理论可以解释，精神分析从何处，又是如何理解情感的。

反　对

有一项反对是针对拉康的，即拉康忽视了主体的情感，而专注语言和能指。这当然是一个非常糟糕的反对，这种反对往往是以赞扬的形式出现的，即拉康派只关注语言游戏和双关，而误认了本能的力量。然而在法国，在20世纪50年代，正是拉康提出了"对一切情感的可能处理"中的首要问题，他发起了一场争论，来讨论是否要将"转移的挫败"这一特殊情感保留在精神分析中。拉康的文章《治疗的方向及其力量原则》[①]就是一个标志。

然而，这只是一种再创造（remake）！早在弗洛伊德时代，关于桑多尔·费伦齐（Sândor Ferenczi）的贡献的讨论就非常猛烈。费伦齐呼吁，我们要掌控对分析者挫败感的治疗，分析家会掉入这种挫败感中，分析者也会对解释进行阻抗。这是一段暴力但又关键的阶段。总而言之，在费伦齐看来，最基本的人性就是要去平复这种挫败感。弗洛伊德从根本上回应了这个问题，他认为，这并不是一个核心的问题，因为这种挫败感是一个不可避免的元素，它甚至是构成治愈的一部分，所以这种挫败感对于分析的进展是必需的。当拉康重新谈到这个问题时，他的阐述借用了分析者要求的"满足"或"不满足"这一说法。这其实是同一个争论。拉康进

---

① J. Lacan，«La direction de la cure et les principes de son pouvoir» (1958)，*Écrits*，Paris，Le Seuil，1966.

入这场论战，是为了回到弗洛伊德的回应上来。拉康总结说，满足这种要求是不可能的，因为这是……无意识欲望。于是，我们再次回到了情感的问题上来：情感状态，情感和无意识的关系，分析技术中转移形式的情感的功能，当然还有对情感的可能的处理方式。

弗洛伊德式精神分析本身随着《梦的解析》（*L'interprétation des rêves*）的出版而横空出世，它从一开始就是通过解析这条路而让无意识说话的。而"无意识像一门语言一样被结构"这一观点也就等同于，无意识即是拉康所谓的，"我支持对此的解析"[1]。那么，无意识与可以被体验，但无法被解析的情感之间关系的问题，也就必然要被提出来。弗洛伊德早就提出了这个问题。他很早就对此做出了回答，一开始是用压抑理论的构想进行回答，之后又补充以创伤和重复的理论。拉康进入了弗洛伊德前面的这一步中，尤其涉及分析技术中压抑及其效果的说法，但是对于情感的构想及其对于言在（parlêtre）的功能，拉康已经超越了弗洛伊德。

有多少种情感是拉康不会去评论的呢？全部列出来是很困难的：焦虑（一年的讨论班）、痛苦、无能、哀悼、忧愁、高兴、幸福、敌对、愁闷、生气、羞耻、耻辱、热情，等等。但是本质不在

---

[1] J. Lacan, *Le Séminaire*, livre XX, *Encore*, Paris, Le Seuil, 1975, p.127.

此。对于弗洛伊德，也是对于拉康而言，情感（affect）是一种结果（effet），拉康会故意创造这么一个词——结感（effect）。然而，如果不理解是什么创造了情感，又如何理解情感呢？力比多，无意识欲望，还是冲动？弗洛伊德竭力列出衍生出人类激情的各种冲动，并详述冲动通过压抑／重复的衍生路径，那么这两个启动物（冲动和压抑／重复）也就是主体所构造的症状的来源。弗洛伊德甚至有一种直觉，这两者的转化也是像一门语言一样被结构的，这是因为他在毫不犹豫地讨论冲动的"语法"。拉康紧随其后，也在不停地再次质询冲动的本质，冲动与生命需要的区别，尤其是它们在言说者身上的特定起源。简而言之，拉康重述了弗洛伊德在元心理学中定位的两个术语：它我（Ça）和无意识就是情感的创造者。我们知道了拉康的起点：倘若只能以言语和语言作为媒介的精神分析，对症状和情感产生效果，那么我们必须假设，后者必然与其工具（言语和语言）有着某些联系。这就是语言原因的线索。

有一点很奇怪，在拉康教学的这些岁月中，他所构造的一种有关情感的原创理论一直被误认，甚至是否认了。当然，对于这种糟糕的非议，人们有着一些不敢承认的理由，但是还有别的理由。无疑，这种理论很长时间都是隐含的，其重点不在于其结感，而在于是什么创造了结感——只有这个创造者能够阻碍情感，甚至是纠正情感。只有一个例子：在《治疗的方向》（*La direction de la cure*）

中，所有的情感都是由拉康所谓的"语言的负性机制"产生的——
也就是说，语言可以在实在中引入缺失，这种缺失使得主体可以去
思考缺席和死亡，这种缺失还可以转变为存在的缺失、享乐的缺失、
知道的缺失——所有这些情感在经验中都具有主导性，它们支撑了
分析者向精神分析家提出的要求和抱怨，这些情感就是我刚刚提到
的非议的源头，它们全部都可以用代表"缺失"的唯一一个主要能
指来表达：石祖（phallus）。不繁盛不代表可以被忽视；此外，这篇
文章的结尾思考了抱怨的问题，但是对于此的结构性原因的阐述才
是首位的。我不想对上述展现的例子讨论太多，这种讨论也涉及其
他很多文章。

　　1962—1963 年的有关"焦虑"讨论班引入了方法论和概念上的
第一次颠覆：一方面，拉康借用焦虑这一情感来阐述对于客体 a 的
构想；另一方面，这种对于言说者而言如此基本的情感，并不能被
能指所澄清——相反，正是焦虑使人们可以接触所谓的客体。于是，
焦虑成了一种"例外的情感"[①]，只有焦虑"不会欺骗"，因为焦虑指
向的并不是通过替换而让我们迷惑的能指，而是指向作为客体的实
在中能指的缩减效果。

　　拉康派关于情感的理论就来于此。这种理论从此开始，但并

---

① 参见题为 «L'angoisse prise par l'objet» 的部分。

不限于此，此外，就术语上来说，拉康的焦虑并不完全等同于弗洛伊德的焦虑——即后者根本上是阉割及其结果的焦虑。而且，由于拉康重新构造了无意识这一概念，因此他还强调了其他的一些情感，这些情感……具有揭示性，也是在此，能指不再具有揭示性。[①] 这个论点对于一个被假设的语言结构主义者而言是令人震惊的，在弗洛伊德的文本中也是闻所未闻的。这条理论道路当然不是一条康庄大道，但是这条路从"再来一次"（Encore）这一讨论班开始达到了顶峰，其澄清了语言结构所能达到的极限，也修正了无意识这一概念，修正了情感的表现及其对于言在的功能。关键在于分寸的把握，因为在这条道路上，分析的结束永远受到质询，与弗洛伊德有关不可终止的分析的判断之间的对话，一直在悄悄进行。

然而我要详述一点：能指的临床和情感的临床之间并没有对立，但我们经常将之对立起来，就如同理智和体验的对立。这是很荒谬的，因为能指能够产生影响，而情感又被能指所决定。作为被影响者（l'affecté），情感当然是很明显的，但是它并不是处在某种不可捉摸的秩序中。一种所谓"体验"的不可捉摸的东西确实存在。它可以被体验到，但是又很难被辨别出来。这和能指完全相反，能指

---

① 这一点上，请参见 C. Soler, *Lacan, l'inconscient réinventé*, Paris, PUF, 2009。

是清晰的、孤立的、可以传递的，而情感常常是难以捉摸的、无法言说的、非常个人化的。尝试去说情感，也就是尝试着将之放入能指的形式中，某种程度上将之凸显出来。每当我们试着如人们说的，"表达"我们的感觉，我们就会确证这一点。我们可以用我们能动用的辞藻来表达，这些辞藻来自已然存在的大他者、辞说（discours）的词汇。当一种模糊的不适被命名，那么这就总是一种舒缓。我们要强调说：没有大他者，人们就不知道自己体验了什么。进而言之：辞说在命名情感的过程中也创造了它们，将它们从模糊的体验中凸显了出来。辞说首先是把情感和那些身体想象的表象连接在一起，这也就创造了一整套情感姿势，这使得我们可以说，比如，"我透不过气了""我垂头丧气""我纠结得很"等，这些都是为了将那些不可表达的东西给意指化。难道我们不能说，倘若没有听到人们说爱，那么一切都绝不可爱？20世纪的人类学家也能支持这个观点。至于啦啦语，它星火燎原般地遍及那些情感，同时产生了一些语丛，这使得你们可以说，比如，当你情绪低落时，你可以说你很忧愁，但你也可以说你很丧、受了打击、失望、绝望、苦恼、阴郁、忧心忡忡、闷闷不乐、心情沉重、忧伤、忧郁等。诗人常常就来自这些词汇的滑动。对于拉康，当他从这些词里选择了某一个时，他总是有意为之的。

　　因此，问题并不在于是否要回头去讨论拉康可能忽视掉的情感的问题。相反，我们要说清楚，是什么通过无意识、语言、辞说而决定了情感，这种决定具有双重意义，一方面是产生了情感，一方面是突出了情感——如果我们想要有机会改变情感，那么这个决定者是十分必要的。

目　录

第一部分
从弗洛伊德开始
一
被轻视的情感

我们看得稍微远一点。回顾当年，我们会很清楚地发现受到了滑稽的反对，但这反对只是出于错误的信念，因为在这一点上，真正要承担责任的是弗洛伊德自己。

弗洛伊德最初的推论是，症状及其带来的情感，都是无意识的形成物。然而，要说如何理解无意识，弗洛伊德运用的并不是情感，而是解析。《梦的解析》、《幽默与无意识》(*Le mot d'esprit et l'inconscient*)、《日常生活的精神病理学》(*Psychopathologe de la vie quotidienne*)在这方面都是如此。进入无意识的王道，就是对梦的解析，而不是梦激起的种种情感。如此，弗洛伊德的意思是，尽管情感对于主体也很重要，但它不是解析的指南针。

弗洛伊德的压抑理论清晰地确证了这一点。事实上，被压抑的无意识，它是什么呢？正是弗洛伊德所谓的"表象"(Vorstellungen)和"表象代表"(Vorstellungs-repräsentanz)，即一些被压抑、转移到他处的元素，这些元素一直处在无意识中，只有透过解析才能被找回。这个"表象的代表严格意义上等同于能指这一概念"[①]，拉康如此说道。但是，另一个元素也很重要，也就是弗洛伊德自《科学心理学大纲》(*Esquisse d'une psychologie scientifique*) 到有关压抑的文章中一直提到的"情感量"。这个概念被定位到愉悦—不悦的轴线上，情感不是被压抑的（也就是消失的），而是如弗洛伊德说的，被替换了，与其最初的原因失去了联系。因此，理智和情感之间并没有对立，倘若情感联系着形象和能指，那么它就不能被视为在符号之外，而是在分析技术中起作用的东西。

总之，这里说的表象明显不是随便什么表象。如果这些表象被压抑了，那说明，它们联系着一些对于主体来说无法接受的早期的性经验——我们可以说：联系着冲动，而且"情感量"从它们身上脱离了出来。于是，情感就从一些表象传递到另一些表象上，背叛了其源头。这个词是拉康说的，但观点是弗洛伊德的。此外，后者曾经认为这些表象是一些"虚伪的本质"[②]，即"最初的谎言"。在《科学心理学大纲》里面，弗洛伊德谈论了一个女恐惧症病人，即进入商店会让她感到恐惧，通过对商店的各种回忆给出的解释显示，这个女病人其实不是像人们假设的那样害怕商店，而是害怕她曾经

---

① J. Lacan，«Le désir et ses interprétations»，inédit，leçon du 26 novembre 1958.

② S. Freud，«Esquisse d'une psychologie scientifique»，*La naissance de la psychanalyse*，Paris，PUF，1979，p.363 et s.

在商店里碰到的一些男人，这些男人联系着她最初在商店里感受到的糟糕的性体验。她对于商店的恐惧撒谎了……撒谎在性的原因上。然而，倘若没有原因，如何处理这种结果、这种结感？我们还知道弗洛伊德在"鼠人"那里提出的一个著名的例子，这个例子是突然对一个几乎陌生的人哀悼，在解析之后，人们发现，这种感受是从对一位过世的所爱之人身上转移过来的，于是这种不匹配的痛苦才得到了澄清。

当拉康说，情感搞错了时，他走得太远了吗？在他看来，情感的特性联系着结构取向：弗洛伊德说的是表象和表象代表的压抑，而拉康说的是隐喻，两者其实都是能指的替代，弗洛伊德说的情感的移置，实际上就是情感的换喻。于是，作为一个弗洛伊德主义者，拉康只是想"恢复"① 弗洛伊德在 1915 年有关压抑的一些文章，以及在与弗里斯的第 52 封信中提出的论点。"恢复"意味着，它被遗忘了、被擦去了、被抹除了，也就是国际精神分析协会（International Psychoanalytical Association，IPA）的这些后弗洛伊德主义者做的事情，这些人依仗着弗洛伊德的名声。然而，这是值得争论的。

那么，我们可以继续提到一个问题："对于无意识，我们可以知

---

① 　J. Lacan, *Télévision*, Paris, Le Seuil, 1973, p.37.

道些什么?"对此只有一个答案:弗洛伊德说,不通过解析,什么都不知道;拉康说,不通过语言结构,什么都没有,语言学所澄清的也是同一回事,因为只有语言可以被解析。分析中的主体质询着无意识,等待着一个并非无法言说[①] 的答案、一个可以说为什么的答案,而被体验到的情感是不足以回应这种质询的。当然,有一点不可忽视,臣服于情感的主体不可能会忽视情感,但是情感是有原因的,因此我可以说,情感有一个认识方面的来源。

说实话,在解析无意识的过程中忽视情感,的确在精神分析与其时代话语的对话中创造了一些困难,尤其是涉及评价精神分析这一特定取向的价值,以及它与心理治疗之间的差异时。这种轻视导致了对无意识的探索,这是一个主体所不知道的无意识,它会产生影响主体的症状,它也需要得到解析。相反,后者(症状)集合了许多情感,这些情感并不是无意识的,它们会起作用,并且占据主体,这是各种在我们这个世界降临在主体身上的创伤所带来的情感,症状也是借此开始发作。对压抑的真相的解析并非简单的倾听,自由联想的话语也并非证词。与拉康在《科学和真理》(*La science et la vérité*)[②] 中引用的内容相反,痛苦的真相并不是痛苦本身,真相反而

---

① J. Lacan, «D'une question préliminaire à tout traitement possible de la psychose», *Écrits*, *op. cit.*, p.549.
② J. Lacan, «La science et la vérité», *Écrits*, *op. cit.*, p.870.

就在于对痛苦的原因的探索。这也就是弗洛伊德成功地想让那些主体听到的，他们在痛苦中感受到了这种原因——我们可以说，他们受着这种真相之苦。众所周知，弗洛伊德非常关注，如何让分析者尊重自由联想的工作，而分析者时常在自由联想上"兜圈子"，我们期待，这些"兜圈子"会说出分析者所不知道的东西，而情感的影响就体现在，它是一种即刻的证据，一种伪证据。

换言之，根据拉康的说法，情感并不能代表主体。此外，正是因为主体不能被情感代表，而是被能指这种可辨认、可传递的元素代表，所以我们可以说，情感去到了别处，移置到了其他能指 ① 上。因为，为了判别这种移置，一个固定点是必需的，有可能的是，经验的最初能指创造了情感。从结构的角度说，正是根据主体的隐喻，移置，即情感的换喻才能得到判别。 ②

我们还可以说，情感和解析并不是同盟。在无意识的显露当中，情感体验是一个虚假的证据，它其实伴随着知识上的怀疑和不确定性。情感可以被体验，甚至让主体体验，但是它什么都证明不了，它不是一种证明。受影响的主体会搞错，我们会看到搞错的原因，但在分析这种实践中，主体的搞错反而意味着，搞错的并不是分析家。

----

①② J. Lacan, *Télévision*, *op. cit.*, p.38.

无法被驯服的情感

然而，根据弗洛伊德的压抑理论，情感受到了轻视，但这种理论在技术中并不能完全概括无意识这一概念。在如今通常被称为"转折"的20世纪20年代，由于发现了"重复"现象，他的《超越快乐原则》（*Au-delà du principe de plaisir*）承认了精神分析三十多年的经验。但让弗洛伊德惊讶的是，他遇到了他在1915年所提到的转移的"阻抗"，即一个不遵从，或不再遵从自由联想的主体。然而，这也是症状的一种阻抗，其抗拒着解析的效果。我们可以说，附属于分析技术的情感，并不能简单地等同于主体经验中的情感。

重 复

在转移的经验中，弗洛伊德强调了童年期不幸的一种持续的重复性。在《超越快乐原则》第三章，即"转移神经症"的章节中，我们有必要关注他讨论童年的那令人印象深刻的一页。这一页意味超越了在《精神分析引论》（*leçons d'introduction à la psychanalyse*）中提到的原初创伤场景的意义：父母的结合，诱惑，阉割。也就是说，这是一些没有多少情绪的词汇。这是另一回事。弗洛伊德指出：对冲动满足的寻求会失败，而且会在卑劣感（le sentiment d'infériorité）和失败的命运中留下痕迹；爱必然会随着竞争对手的到来而令人失望，带来背叛，这会留下一个标志，即一种广泛的蔑视感，这种感觉会成为主体的一部分。这还不够，因为弗洛伊德并没有忘记我们如今几乎不再谈论的东西——一种带着真正悲剧性色彩的努力，即努力创造一个孩子，但这种努力会在耻辱中失败。

于是我们有了一系列情感：卑劣感、背叛感、耻辱感。弗洛伊德呈现的这些痛苦都是不可避免的，它们与良好的教养无关，而弗洛伊德认为有两个原因。第一，因为儿童的全部期待、全部要求都是由一些冲动的要求支撑的，其指向着一些弗洛伊德所谓的"与现实不相容"（引用）的俄狄浦斯式客体。我们可以看到，这些要求碰到了法则（la Loi）所建立的秩序。第二，即便没有禁忌，儿童身体的发展程度也不足以让这些性期待得到满足。我们可以发现，弗洛伊德并没有提及父母的过错、成人的不足、糟糕的母亲或有缺陷的父亲等，这些都是后弗洛伊德派、后现代派所喜欢提到的元素。此外，在后面那一页，弗洛伊德提到了，在完全负面情感的转移中的重复，本身是被一些原初冲动激活的，这些冲动没有出路，也不会找到出路，也就是说，在欢愉层面，它们不会有任何满足。如果说转移是重复，那么它是一种无法逃脱的、没有出路的，对原初失败的重复，仿佛这些情感在一开始就有了必然的命运。

我跳过了弗洛伊德为了思考这些令人忧心的事实所建构的理论，因为这并不是我的目的，但是在主体的这些基本情感的起源问题上，这个理论一方面解释了冲动兴奋及其绝不会退缩的要求，一方面解释了满足这些冲动的不可能性。因此，情感在这个理论中被理解为我们之后称作的"实在"带来的效果，这种实在，既是这些要求和身体限度的实在，也是符号本身具有的不可能的实在——也就是弗洛伊德所谓的俄狄浦斯。于是，他立马设想，重复这一事实揭露了第一个谎言——揭露的方式，就是我们用"阉割"这个词所归纳的——即情感是不可驯服的，分析最终也会撞上它。

创伤性神经症

1926 年，弗洛伊德通过《抑制、症状、焦虑》(*Inhibition*, *symptôme et angoisse*) 在情感的根本原因的方向上更进了一步。他在这篇文章里认为，焦虑是最初的情感，也是神经症最初面对创伤的后效。这是弗洛伊德的一个决定性的论断，我们可以从中看到他对实在的确认和重新阐述。

这篇文章在很多方面都值得关注，首先是它颠倒了焦虑和压抑的关系。一个学者敢于做出如此批判性的颠覆，这并不常见，弗洛伊德当时的一些弟子都注意到了这场颠覆。弗洛伊德最终认识到，防御是为了焦虑——因此焦虑也就是压抑的原因，而非相反。但是，剩下的问题是找到焦虑的原因。焦虑是原初场景的情感的效果，这种情感被弗洛伊德称为"无助"（德文：Hilflosigkeit，西班牙文：desemparo，英文：helplessness）^①，也就是说，在这种无助中，我认为，个体会觉得自己面对某种危险时是无力的，这种危险是过于强烈的、无法阻挡的。

无助场景联系着享乐的原初场景，即主体的或大他者的场景。1939 年，弗洛伊德在《摩西与一神教》（*Moses and Monotheism*）中回到了这一点。我对这篇文章很感兴趣，因为它出现得很晚：这基本上是弗洛伊德对神经症最后的论述。焦虑性创伤是症状的根源，弗洛伊德说，这些创伤"要么是触及主体身体的一些经验，要么是一些常常影响到视觉和听觉的感知；这是一些经验或印象"^②，它们在最初的童年期出现了，而弗洛伊德用一系列词反复提到了这些经验：兴奋、阉割、威胁、诱惑、原初场景——它们总是呈现为主体的幻想构成的核心。

所有神经症都起源于创伤，这一论点自此建立了起来。事实上，倘若焦虑是压抑的原因，而症状是压抑的返回，那么争论点就在于创伤。1926 年之后，弗洛伊德并没有回到这一点上来。《引论新编》

---

① S. Freud, *Inhibition, symptôme et angoisse*, Paris, PUF, 1986, p.95.
② S. Freud, *L'homme Moïse et la religion monothéiste*, Paris, Gallimard, 1986, p.161-162.

（*New Introductory Lectures on Psychoanalysis*），也就是在第二时期（等同于第一时期的《精神分析引论》）的著作，总结了从 1917 年到 1927 年的阐述。《引论新编》对这个论点做了一些澄清式的论述，但并没有什么新的内容。1939 年的《摩西与一神教》也是如此。在此著作中，弗洛伊德借用了在《抑制、症状、焦虑》中提到的神经症的性创伤起源，但是并没有改变这些术语，而是加上了更为精准的目的：按他的话说，就是（在神经症的起源）与我所谓的民族的起源之间建立一种类比。这篇文章的关键并不是创伤本身：创伤主要在于父（Père）的功能。弗洛伊德说（即便不是刻意的），之后的《图腾与禁忌》（*Totem and Taboo*）超越了神话，而进入了一种真正可能发生过的历史。这无疑是指向比神话更为实在的东西，弗洛伊德留给了我们一个问题，即性创伤是否依赖于父的某些东西。拉康之后一度在这一点上徘徊。

弗洛伊德的墙

无论如何，弗洛伊德所有的理论建构都是在支撑一个观点，即在分析技术中，情感的地位是附属的。这些理论并没有消除情感，而是呈现出，在说话者的经验中，情感是从性创伤经验、非常实在的经验中锚定的位置上产生的。此外，甚至在 1920 年的理论转向之前，弗洛伊德就通过解析不仅呈现每种神经症的症状类型，经典精神病学都列出了这些症状，即癔症性转换、强迫思维交织、恐惧症的恐惧，而且他还指出了每种症状对应的原初情感：恶心带来的最初的厌恶感，太多欢愉带来的强迫性固着，在性之谜面前的焦虑。拉康之后极好地称作"存在的晦暗决策"也就在性这一最为实在之处。我能知道什么？准确地说，没有语言结构的东西是不存在的。[①]情感是附属的。然而，我要知道的东西在另一个层面。我们可以以某种方式将之称作"对性的诅咒"[②]、享乐、实在，它可以在一开始就转译为……说话者的情感。在此，情感占据了首要地位。那么精神分析的力量是什么呢？

　　或许，弗洛伊德并没有将他论点中的情感的结果都放到创伤这一起源上，但是，他在有关阉割这一岩床、这一分析之墙的论断中，遇到了这些结果。弗洛伊德认为，一种无法控制、超越主体、产生了主体所认为"实在的""焦虑的""兴奋"，就是儿童命运的开始，他给了这种情感一个相当特殊的地位：既是结果，也是原因。这种所谓的兴奋就是一次实在相遇的结果，但是也是压抑的原因。压抑会产生症状，并且在一系列后续情感中回响，这些后续情感中的第一个就是弗洛伊德所谓的"焦虑-信号"，它既是记忆，又是警告。对最初创伤的记忆，对临近危险的警告。我已经强调过，无论

---

① J. Lacan, *Télévision*, *op. cit.*, p.59.
② *Ibid.*, p.52.

如何，情感都是一种结果。最初，这是一种性无助的结果，也就是焦虑，之后当这种焦虑导致的压抑开始起作用，被压抑物就会产生症状性不悦的结果。因此，弗洛伊德将焦虑定义为最初情感的典型中转站，其使得性欲成了神经症痛苦的一种不可缩减的源头。因此，明显正是由于这种逻辑，弗洛伊德描述了在转移中重复的童年痛苦，借此，弗洛伊德建立了"超越快乐原则"，而这种重复的痛苦，使得弗洛伊德在《可终止和不可终止的分析》（*Analysis Terminable and Interminable*）中提出了阉割（作为分析终止的）岩床的根基，这种岩床具有两种形式：男性的过度补偿和女性结束时的抑郁，两者都指向分析家。换言之，在超越快乐的重复呈现为最主要的临床表现时，分析就会在此失败。

至于拉康，他跟随着弗洛伊德，在分析技术中轻视情感，这一点我已经提到了，但在情感问题上，他自此不再跟随弗洛伊德。如果说，拉康用一整年来讨论作为创伤的决定性情感的焦虑，那么这是在明显刻意地澄清弗洛伊德给我们留下的问题，这个问题就关于拉康为分析构建的基石。关键在于实践：如果儿童早期的最初情感，即我们所谓的"阉割焦虑"只服从于重复原则，而转移就是重复，那么这些情感是不可缩减的，而且事实上会超越部分治疗的效果，使得分析在一种绝望，也是一种永恒的渴望中失败。

第二部分
从反面再思考

以焦虑为目标

在拉康的每一期讨论班中，都会有一些极为令人震惊的关键表述成了格言，且成了后续发展的锚定点。"焦虑"这一讨论班便包含了许多这类表述。我首先说一个：焦虑，是一种"不会欺骗"。这个表述基于弗洛伊德的论点：只要情感被移置了，那么它就会在原因上撒谎。因此，拉康的这个表述使得焦虑成了一种我所谓的例外情感。

一种例外情感

整个焦虑的临床都能证明，焦虑被体验到、被感觉到，它属于拉康在《治疗的方向》中所谓的"感觉"；但是，与其他"感觉"不同，焦虑总是涉及一些主要是身体层面的表现——喉咙卡住，心脏咚咚跳，等等。焦虑属于一种担忧，然而它不能和害怕混为一谈。在害怕中，"焦虑的特点消失了，在这个意义上，主体没有被自己所束缚、关注、操心"①。焦虑具有三个特征：一种可体验到的模糊威胁，主体说不清其本质，但是他不会怀疑，这个本质与他有关。因此，这是一种未知事物的临近，这种事物针对着主体。然而，矛盾的是：尽管焦虑是压迫性的，但它并非一种证明。焦虑不撒谎，同时焦虑者又不知道是什么抓住了他，这是怎么回事呢？与所有其他情感不同，焦虑并没有移置，而是紧密联系着产生焦虑的原因。"焦虑"这期讨论班的关键，就是说清楚焦虑的这种原因。

我说过"（焦虑）并非一种证明"，但是谈论证明还不够，因为焦虑涉及的是"确信"，而非证明，也就是拉康所说的"残酷的确信"。然而，焦虑并不是一种论证或推论。焦虑在怀疑之外，它并不借助思想的工作，它并没有辩证，也不需要证明。我们怎能不想到，"确信"这个词就是在精神病的临床中用到的，因为它正是除权（forclusion）的特征？当在与被划杠的大他者的关系中，一个能指被除权时，焦虑就出现了。焦虑并没有精神病性；而是说，对除权的定义需要延伸：焦虑的临床确定性无疑表明，与它关联的并非某个欺骗性的能指、某个总是依据另一个能指而要消失的能指，而是"一种实在"（我不是说"这种实在"），焦虑所勾画的正是一种实在。

拉康对此的论述并非一蹴而就的。他首先将这种实在定位在客

---

① J. Lacan, *Le Séminaire*, livre X, *L'angoisse*, Paris, Le Seuil, 2004, p.187.

体 a 上，客体 a 是大他者这一能指的地点中缺失的东西，它属于大他者，但又给大他者打了洞；但是接着，拉康又提到，真正的欺骗者，最初的"伪造者"，就是符号界本身，其掌管着指号的替换，这种替换使得痕迹得以消失，也是符号界压抑了无法忍受的实在事件。这就是弗洛伊德最初的论点，我已经提到过，拉康对此做出了一些修正而重新提出了：能指并非实在的痕迹，而是一个主体的代表，它仅仅通过对痕迹的擦除而"出现在实在中"①，这种擦除给实在带来了欺骗，它导致了换喻，替换链中的无限滑动。

　　焦虑以两种方式与这种实在紧密相连：我可以说，一方面焦虑是这种实在创造的，另一方面焦虑永远代表着这种实在。这期讨论班的核心论述就是：焦虑"并不是没有客体"，焦虑恰好就是客体 a 的"指示"。而弗洛伊德的术语更加著名，即"信号"。除了"指示"之外，"信号"这个词还有其他一些意义，它还代表着危急的特征、某种"危险的警告"，因为焦虑并不是一种对完成事物的情感，而是对即将来临的事物的情感。这就是为何弗洛伊德认为焦虑的积极功能就在于保护、防御。由于具有这种紧急的性质，焦虑具有一种"避免惊讶"的功能。然而，我说的是"指示"而非"信号"，这是为了坚持一个事实：焦虑作为一种对即将到来的实在的情感，它

---

① J. Lacan, «Remarques sur le rapport de Daniel Lagache», *Écrits*, *op. cit.*, p.654.

事实上也是有一种认识论上的价值。我们可以说，这是唯一一种与解释同盟的情感。在此，我们必须把克尔凯郭尔（Kierkegaard）及其焦虑概念与朝向黑格尔提出的绝对知识的能指辩证对立起来。在这两者之间我们必须做出选择，拉康在这期讨论班的最后一讲说道，他选择的是克尔凯郭尔。他提到了后者构想的焦虑概念，我如此引用："我不知道，我们是否认识到了，克尔凯郭尔用这个概念所体现的大胆。这意味着什么？——若非真正从实在来把握，那么要么就从黑格尔的角度理解这个概念的功能，即从符号来把握，要么就从我们的角度来把握焦虑的功能，也就是后者的唯一理解，以及将之视为整个现实——而在这两者之间，我们应该做出选择。"①

于是，我们选择从实在来把握这种情感。我们看到了关键之处：对于一个存在者而言，这是实在的问题，而在拉康教学的早期如此强调的符号，却让言说者迷失在了其衍生的条条道路中，以至于我们要问，生命是否只是一场梦。拉康首次突出了焦虑这样一种情感，它能够揭示能指所无法揭示的内容，即一种实在。这是拉康走出的第一步，这一步朝向着能指对于知识的独断专权的终结。因此，我们不应该感到惊讶的是：随着拉康开始论述实在的"话之维"（dit-mension），他逐渐倾向于对客体 a 的那些最初的论述，并且将这些论述更广泛地应用到实在上。

---

① J. Lacan, *Le Séminaire*, livre X, *L'angoisse*, *op. cit.*, p.385.

焦虑，一种分离的情感

拉康说的客体 a 就是一个古怪的客体。拉康论述这个客体所借用的表述，既是奇怪的，也是异质性的，至少表面上如此。

古怪的客体

我们可以用谜语的形式来指出这个客体：是什么没有形象、没有能指，因此既不可见，也不可被解析，它从结果上源自不可能被想象和符号所把握的实在，但是它又成了一切被说出、被做出的事物的原因？正是这个奇怪的客体，拉康将之写为一个字母。

事实上，拉康以一种新的方式将一些精神分析的经典问题理论化了：也就是弗洛伊德所称作的不可摧毁的无意识欲望，更加宽泛地说，这也是精神经济和“客体关系”的动力，也就是对现实的力比多投资。作为一个“缺失了的”客体（1976 年的表述），它在两个方面，即消极方面和积极方面成了欲望的原因，这个欲望是未满足的，因为它不可能被任何客体所填补，然而这个欲望却可以被引向一些特定的客体。

作为无意识语言的效果，这个客体构建了言在。它具有两重价值：一是代表着缺失 ① 的东西，也就是“不再存在的”客体；二

---

① J. Lacan, «Préface à l'édition anglaise du *Séminaire XI*», *Autres écrits*, Paris, Le Seuil, 2001, p.573.

是代表一条道路 ①，一条轨道，"剩余享乐"借此走向欲望。它凝缩了欲望，因此成了欲望的原因和目的。在精神分析的历史中，这个客体的前身就是弗洛伊德所谓的原初丧失的客体，也是温尼科特（Winnicott）所谓的过渡客体，其在现实中成了原因客体的"标志" ②，它也是连接着享乐范畴的所谓的冲动的部分客体。

拉康只是补充了一点，如他所言，正是他对无意识的操作性的"假设"，才是弗洛伊德所未知的内容。

客体 a 就是"缺失之物" ③，这是由于语言的过错而丧失的一部分生命，我之后会回到这一点上来。但说实话，这种缺失本身并不简单，因为它既在想象、符号、实在中都缺失了，也在这三者两两形成的结中缺失了。它完全不同于所谓的客体关系中的客体，后者是现实中被指向的客体，也是通过这种客体，我们来思考转移。拉康从一开始就反对精神分析运动对于这种客体关系的强调，与潮流相反，他强调，最初最为重要的，一开始就是客体的缺失。1976 年，他仍然用我先前引用的那句话坚持这一点，但是他在这个观点中补

---

① J. Lacan，«Postface au *Séminaire XI*»：«L'objet a tel que je l'écris c'est lui le rail par où viennent au plus-de-jouir ce dont s'habite，voire s'abrite la demande à interpréter» (*Le Séminaire*，*livre XI*，*Les quatre concepts fondamentaux de la psychanalyse*，Paris，Le Seuil，1973，p.252)．

② J. Lacan，«Subversion du sujet et dialectique du désir»，*Écrits*，*op. cit.*，p.814.

③ J. Lacan，«Préface à l'édition anglaise du *Séminaire XI*»，*Autres écrits*，*op. cit.*，p.573.

充了享乐的领域，以及剩余享乐客体的概念。

换言之，客体 a 就是缺失之物，在现实中没有缺失掉的一切客体都在寻求着被遗忘。在公众话语中，即主人能指 S1 所主导着精神现实和公众现实的话语中，主体是一个被填补的主体，他不会考虑他的缺失，因为联系着幻想的最为隐秘的缺失的那些剩余享乐，填补了这个缺口。没有这种填补，我们就无法理解，阉割的普遍性直到弗洛伊德之前都遭到了广泛误解。某些当代学者也不例外，这些学者并未高明许多，反而嘲讽拉康派对于缺失的关注，甚至反过来紧跟时代地相信，我们从此都处在了电影中所谓的"富饶之地"。我们可以想想斯劳特戴克（Sloterdijk），想想精神分析中的另一些学者。

但是，最终我们要说，倘若客体 a 并不是一个感知觉客体，也不是一种可以放置在伊曼努尔·康德（Emmanuel Kant）美学上的时空坐标的现象，那么它也不属于……科学的客观。它与统计和测量对抗，逃脱了量化准则，它不能被录音下来，也不能被拍摄下来。这是一种本体？那么，分析经验如何在既不最低程度地冒犯科学精神，又不失去一种宗教的、神秘的色彩的同时，来确定它的核心功能？然而，精神分析并不是客体 a 的宗教。

拉康在"圣状"讨论班中说道，我们并不相信客体。但在经验中可以被观察到的并不是客体 a，而是欲望，在分析经验中重复的是欲望。我引用如下："我们并不相信客体，但是我们可以观察到欲望，而且从这种观察中，我们可以推导出作为客体化的原因。"①因为"a 在幻想中是欲望的支撑，它在欲望的形象中是不可见的。"换言之，在欲望中，客体是被欲望所指向，是被欲望的形象所指代的，它不同于客体的原因，后者代表一种逃避，仍旧是被遮蔽的。如此说来，欲望者会误认欲望的原因，反而去认识欲望指向的客体，主体在其欲望中不可能认识自己，承载着欲望的主体，却在其各种欲望之外。

为了讨论这种客体，拉康借助了逻辑学（它可以被推导，不能被观察）和拓扑学（可以定位语言结构）。可以说，没有符号界（没有大他者），这种客体就是不可设想的。它是大他者对生命的标记的效果，但它完全不是这个大他者的一个能指。因此，我们可以说是"拉康的客体 a"，因为是拉康构建了这个概念。然而，这并不是说，它只在我们所谓的拉康派精神分析中起作用。拉康的客体到处都是，就如同我们说弗洛伊德式的无意识到处都是。这种同源性是可以肯定的。弗洛伊德式的无意识只能按照弗洛伊德创造的实践过程，作为一种知识而被质询。然而，作为弗洛伊德派，这种无意识并不是到处都是，而是在存在者说话的地方，也就是本能落入到原初创伤

① J. Lacan，*Le sinthome*，Paris，Le Seuil，2005，p.36.

的地方。

无意识一直在说话，自弗洛伊德之后，它可以被解析为一种语言，但这还没有解释出，到底是什么让它说话的。与无意识语言关联的客体理论，可以解释到底是什么让它"起效"。于是，这个客体被安置在了弗洛伊德用"力比多"和"冲动能量"所指代的事物那边。我们可以说，这个奇怪的客体，就是精神生活，也是社会生活的动力。

客体 a 到处都是，不仅仅在精神分析中。自 1970 年起，拉康在《电台》(*Radiophonie*) 中就诊断说："我所谓的客体 a 已经达到了社会的顶峰。"[1] 这就是我们可以提出客体 a 及其一方面在文明中，一方面在精神分析中的不同功能的问题。此外，焦虑也具有同样的两重性。

焦虑的位置

"焦虑"这期讨论班强调了焦虑出现的时机：在想象中，某种激起了主体和大他者双重未知的东西出现的时刻。这就是论点所在。这是一些非常特殊的时机，因为在一般情况下，辞说可以覆盖掉这种谜题。焦虑联系着某个原因客体，这个客体也是大他者的欲望的

---

[1]　J. Lacan，«Radiophonie»，*Autres écrits*，*op. cit.*，p.414.

原因，它与意识主体相异，因此是未知的，于是大他者的欲望要么被理解为在伴侣那一边，要么在主体这一边，主体本身也作为大他者而欲望，也就是说，主体无法掌控自身的欲望。也就意味着，正是在大他者被划杠的地方登记着能指的缺失，这也就是原因客体的所在之处。

这种出现是某个东西在可见范围内有选择性地起作用。比如说，在弗洛伊德的个案"狼人"的焦虑梦中的狼的形象，就是一种形象的出现，这个形象对于主体来说唤起了某个不可见的事物，某个在主体或大他者这里无法呈现的东西。同样，在"母螳螂"的寓言故事中，母螳螂朝你走来，但是你却不知道自己戴的是不是公螳螂的面具，而母螳螂会吃掉公螳螂。

在这期讨论班中，此处便出现了一个值得强调的论述，即论述了焦虑最为普遍的结构：焦虑出现在某些事物从一片空地当中浮现或即将浮现的时刻，因此，这也是一个"缺失的缺失"唤起了某种无法捕捉的客人的时刻，这个客人没有形象，也没有对应的观念，但是它常常可以创造一个"现象的面纱下的肿块"。因此，某个事物出现了。

但是，从哪里出现，如何出现呢？关于如何的问题，根据拉康向我们提出的焦虑的临床，我们发现，它既是通过某些事物的在场，也是通过其消失而出现的。我们可以想想莫泊桑（Maupassant）的

"霍拉"（Horla），还有镜子中消失的形象，那是一个恐怖的形象；我们也可以想想那种突如其来的微小噪音，让偷窥狂大吃一惊。感知觉领域中的一切阻碍，通过空或实的方式，都可以唤起原因之幽灵。因此，焦虑是否被缩减到了一种可见，或更广泛地说，可感知的范围中？奇幻文学中充斥着这种例子，这很明显，"焦虑"讨论班也强调了这一点，拉康再次提到了他的镜像图示，并且用更为复杂的光学图示补全了镜像图示。我们也要想起那些恐怖影片、恐怖文学，来确证这种混合着令人震惊的相遇，是如何在此构建出来的，在这种相遇中，在感知觉中出现的某种未知事物，带来了一种可怕的确定性。

　　然而，我认为，我们必须扩展这个论点，因为焦虑并不仅仅出现在形象的领域中。对它的定位应该更加宽广，焦虑延伸到整个想象的领域中，而这个领域本身不能被缩减为可见的领域，而是包含着所指的范畴。一般来说，焦虑出现在那些意料之中的意指断裂之处，这要么是通过感知觉领域的某个阻碍，要么是通过辞说领域中的某个漏误。焦虑与这种无知、未知客体的维度不可分割，被欲望的形象中的物（la Chose）指向这种未知客体，然而它并没有在其中出现。

　　换言之，用《精神分析的四个基本概念》（*Les quatre concepts fondamentaux de la psychanalyse*）中的术语来说，焦虑属于拉康所谓的"分离"的范畴，而且焦虑出现在大他者被划杠之处。正是在这里，没有能指可以指代大他者想说、呼唤的东西。因此，这是一个我无法用任何能指登记的地方，因此它与能指链分离了。这就是为什么我们可以这么说客体：客体属于语言的大他者，但又给大他者打洞，这就是拉康在《精神分析的四个基本概念》中用欧拉圈所写到的东西。

主体臣服于大他者的辞说，他被登记下来的意指所异化，这些意指本身并不带来焦虑。当然，这会带来一系列各异的情感：不洁、反感、愤怒，或相反的接纳，甚至是骄傲，这就是为什么我可以说，每个人的存在都是在大他者之镜中被证实、被许可的。有关我的独特性的问题"我是谁？"并不是在今天被提出来的。对于一个主体来说，对此的回答就是镜像的形象 i（a）的回答，这是我所拥有，但是我并不是的形象，之后这些回答成了我所谓的大他者、辞说的言说之镜的回答，这些辞说规定了我的形象，而不论我有怎样的形象，我都可以将它写作：i（a）A。在这种被双重镜像确证的存在和无意识主体之间，有着一个间断空间：它被某个由一些能指代表的形象所笼罩着，但是如此这般的主体是一个未知数 x，他在被确证、被划杠的存在之屋中是未知的。

一段指向着无意识的精神分析就运作在这片空间的线路中，这条线路展现为多种情感，但是总是游离在两个极端之间：要么是主体拒绝这种笼罩，要么他被裹挟进去；要么他拒绝它，要么他接受它，在这两种情况中，主体都与它脱节了。拉康说，在分析中，认同都是"拒绝"。因此，认同不仅仅是被感知到的，也是被拒绝的：我不是它。于是自我质询的人一开始就会说他所不是的样子，以及人们觉得他所是的样子：我不是人们看起来的那个我，我不是人们说起来的那个我，甚至更为关键的是，我不是我说起的那个我。这常常可以带来一些搞笑的结果。然而，焦虑并不是处在这种对形象的拒绝层面。在这个层面上，我们总是处在一个从同意到反对的轴线上。

所谓的焦虑，恰好相反：那是意指的空洞，也是大他者的谜题。当然，这还不够。沙漠中的埃及圣书文字留下了意指的一片空间，但是不会带来焦虑。在意指的缺失上，还必须加上一个补充条件：主体，即焦虑者，或可焦虑者，感受到跟自身的某种关联——这就是焦虑和恐惧的区别。

因此，我认为，我们应该区分异化的情感和分离的情感，后者主要是焦虑，也即是"被体验到的未知"。因此，大他者带来了存在。而意指的空缺——即谜题——成了确定性，代表着确定性。确定性，首先代表着某件事物，即便我不知道那是什么，第二代表着它是针对我的。这就是拉康在《对精神病的可能治疗的先决问题》（*Question préliminaire à tout traitement possible de la psychose*）中所说的"意指的意指"①。这个术语将焦虑定位在谜题和确定性之间，它既适用于神经症，也适用于精神病，只是精神病将自身作为一种普遍参照。

当这种未知的维度不存在时，就会有一些其他情感来回应与大他者的相遇：恐慌、害怕、触动……拉康提到的"母螳螂"的寓言就是一个证明：在一只彪悍的母螳螂面前，如果我知道自己戴的是母螳螂将会吃掉的公螳螂的面具，那这不是焦虑，而是恐慌、恐惧，最终的结果就是逃跑。

野性罢免

澄清焦虑出现的时机，这还没有说出，焦虑作为一种情感本质上到底是什么。开门见山，我会说，焦虑就是"主体罢免"的时刻，即主体即将被缩减为客体。正是这种自发的、野性的罢免不断地重复，但是又不是在教育主体，而只是以其恐怖的确定性恐吓主体，这和拉康提到的分析结束时的训练性罢免有区别。对于这种自发的罢免，也会有自发的反应：逃跑。给出这种反应的方式有很多种。弗洛伊德发现的就是症状的创造，倘若我们去追寻弗洛伊德最后的理论构造，就会发现神经症的线路是从焦虑到症状。如今，各种抗

---

① J. Lacan，«Question préliminaire à tout traitement possible de la psychose»，*Écrits*，*op. cit.*，p.538.

焦虑药，也就是从未被忽视过的镇静剂的变体，这些药物成了一种逃避的回应。

我说的是时刻。这件事有着重要的临床意义。焦虑总是出现在一种不连续的时间结构上，这种时间结构有着之前和之后，它们准确地勾画了一个坐标。而主体在一条长链上滑动，这条链有着一个时间向量，焦虑的出现遵循着破裂的模式：它停下，固定住，它是一个坑、一个时间上的深渊，也是骇然的沉默，也就是拉康说的，不动的坐姿。它与辞说承载的其他时刻都不同。比如说，胜利的时刻就是自我构成的时刻，有趣的是，这个时刻牵涉到一种扩张的姿态，正如我们经常在电视上看到的，那些刚刚获得胜利的运动员，或者那些被选中在公众面前露面的运动员就是如此，更不要忘了，那些支持者的欢呼声。我不妨回想一下，电视屏幕里为我们播放的那些灾难时刻，以及那些时刻的姿态和情形，它们不断重复着，在各种情节中如出一辙。

相反，焦虑并没有一种典型的、共有的姿态；它悬置了时间、运动、声音，从而获得一种急迫的体验，一种客观的存在在某一刻的显灵。在这个意义上，一种情感具有了本体论的意义，正如存在主义哲学家所认识到的，这种情感成了主体存在的揭示。在这一点上，拉康相对于弗洛伊德的进步是很明显的。从根本上说，弗洛伊德认为焦虑是在"有"的层面上。他在其中认识到的一种主要情感涉及"有"的缺失，办法的缺失，这是一种对于作为享乐的工具，或者按费伦齐的说法，作为与母亲融合的工具的器官的威胁。一开始，拉康推测，"有"的缺失出现在更为原初的存在缺失的基础上，后者必然联系着话语的效果，这使得他认识到了存在主义哲学家的看法，在他们看来，弗洛伊德提到的"有"的缺失显得非常可笑。

我再重复一下。每当一个说话者体验到，他在消逝，在被缩减为一种客体的状态；每当他受到威胁，要变成布努埃尔（Buñuel）所谓的（反而自认为是主体）大他者的欲望的"晦暗客体"时，焦虑就会出现。当大他者是一个伴侣时，比如在我之前提到的母螳螂的情形中，情况就是如此；然而，当主体自己也"作为大他者"而欲望时，情况也是如此。但是这一次，焦虑的模式是仿佛在白纸上即将出现一个恶臭……的客体，这个客体就是他幻想中的自己。

我们还需要更进一步，不要忘了，欲望的临床上还要加上享乐的临床，而且负享乐作为原因客体，也是一切剩余享乐的前提条件。为什么不展开"焦虑"这一讨论班的这些论点，并且根据以客体a为前提条件的各种享乐，而摆出这些论点呢？拉康在波罗米结中摆出了三种享乐：最为心理性的"享-义"（joui-sens），它使得身体的想象及与其相连的表象开始运作；石祖享乐（jouissance phallique），它在身体之外，被能指所调动，本身是碎片化的，它的运作从（生殖）器官的享乐开始，直到一切形式的能力；最后是大他者的享乐，它在符号之外，不能被语言所征服，但是它不在想象之外。

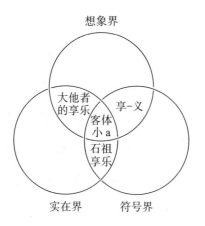

　　我认为，这三种享乐对应着三种焦虑的出现。我认为，当拉康把抑制、症状、焦虑安置在平面的波罗米结中时，实际上是把焦虑联系到了大他者的享乐上，这种焦虑是实在的焦虑，其闯入了身体的想象。然而，还有一种直接与意义相连的焦虑，这是意义被打破的焦虑，它在我们这个时代如此强烈，因此可以解释许多所谓"惊恐"的危险时刻。而在石祖享乐的层面，所有的焦虑都联系着"有"——这也是弗洛伊德一开始就认识到的：无能、丧失、失败，有时候也是成功的焦虑，这种焦虑似乎在常识上显得非常矛盾，但这种常识是自认为的"常识"。很明显，在与符号毫无关系的大他者的享乐层面，焦虑主要是实在的焦虑，这种焦虑最为人所熟知的一种形式就是存在性创伤中的焦虑，而在真正的性欲层面，则是一种非石祖性享乐的焦虑，这是另一种焦虑。在这三种情况中，主体都被一种感觉所捕获，这种感觉就是"被缩减为其身体"、被罢黜，变成一种意义之外的此在（Dasein），即仅仅成为石祖征服的工具，或者更极端地说，被一种消除了一切定位的异类实在消灭。

更广泛地说，借由对无法进入语言，因而被推断为欲望的原因的未知客体的论述，拉康在1962—1963年根据被划杠的大他者所提出的内容，应该用与享乐相关的术语而被重新论述。我提到了，焦虑是一种"实在降临的典型情感"，这一说法不再仅仅涉及客体a，而是涉及从症状到科学效果中，一切呈现为外在于意义的东西。①

---

① Voir，p.38 et s.，la section intitulée «L'angoisse prise par le réel».

从辞说的角度思考焦虑

焦虑指向分裂了大他者的客体，这种焦虑事实上体现了拉康自己所谓的"在焦虑停泊中的一种改变"。这种表述其实指出，焦虑所在的结构，也就是言说者记忆的结构，这是因为这种情感似乎穿越了时光，这种结构并没有排除它所标定的一些历史时刻。这种改变在其中是有迹可循的，甚至它在历史中，在弗洛伊德和拉康的差别中都留下了某些痕迹。

科学之前

在科学出现之后的那几个世纪的文明中，我们可以看到焦虑这个主题越来越清晰、越来越确切地浮现了出来。这种浮现在所谓的存在主义哲学中达到了顶峰，也就是19世纪的克尔凯郭尔，20世纪的海德格尔（Heidegger），但是事实上，这一主题早在布莱斯·帕斯卡尔（Blaise Pascal）那里就出现了。我认为，我们可以稍稍追溯一下历史。毕竟，在今天，焦虑这一主题遍及各处，有了不同的名号，躲藏在创伤的掩盖之下。而在科学之前，尤其是在基督教时代（此时焦虑可并不罕见），焦虑的诸多变体都躲藏在什么样的形象之下，被冠以什么样的名号呢？

海德格尔在《存在与时间》(*Être et Temps*) 的第 40 节中写了一个有关基督教神学的小注释。他在注释中指出，在基督教神学中，他感兴趣的是恐惧和焦虑的问题。那时是在科学出现之前，也即是帕斯卡尔之前。海德格尔描绘了一条道路，这条路从圣奥古斯丁（Saint Augustin）对恐惧的思索开始，直到克尔凯郭尔，途经了路德（Luther），我之后会回头来谈路德。我如此引用："在基督教神学的视野领域中，焦虑的实体和本体意义得到了思考，每当'面向上帝的人类存在'这一人类学问题成为首要，而一些诸如信仰、罪恶、爱、懊悔的现象带来了问题时，焦虑的意义就出现了。"因此，或许在上帝的创造、错误、救赎这些主题之下，潜藏着焦虑这一无言的主题。这是一个非常有趣、非常合适的观点。

我并没有专门钻研过基督教神学的文本，但让我惊讶的是，在圣托马斯那里——拉康经常引用他的话来论述激情的理论——也就是在他的《神学大全》(*Somme théologique*) 中，他在论述情感的部分提到的是恐惧，而非焦虑。老实说，这其实并不令人震惊，但很有指示性。基督教神学把情感放到有罪的人和让上帝成为永恒大他者的圣意构成的对子中，而诸多信条则指明了上帝的意愿，因此我们会发现，这里更多的是恐惧，而非焦虑。罪人意识在此使得人有了罪疚感，并且带来了一种对于最终审判和神圣制裁的预期。然而，

比如中世纪的苦修士知道，将要来临的到底是什么。读者可以看看
《启示录》(*Book of Revelation*)，我对此还写了一篇文章《启示录或
更糟》(*L'Apocalypse, ou pire*)。《启示录》里描绘了一些图画，里
面是一些罪人在上帝的正义怒火下所犯的罪行，这些内容带来更多
的是恐惧，而非焦虑，因为焦虑的前提是一个谜题。当大他者一以
贯之，通过先知的声音宣布了最终会降临在你们，你们这些可怜的
罪人身上的事物时，留给你们的只有惊悚的战栗，但这并不是焦虑。
读者可以看看杰罗姆·博世（ Jérôme Bosch ）的形象：恐慌，更多的
是激动而非焦虑。因此，如果焦虑存在着，那么它只能使得人们怀
疑信仰中的漏洞。

在文明中，焦虑这一主题的升起，对应着一种上帝的丧失，这
种丧失同时也伴随着科学的展开，从帕斯卡尔到克尔凯郭尔，再到
海德格尔。我们可以追随着这条路线，直到上帝失声的那一刻。在
基督教这边，这条路线是从先知走向克尔凯郭尔，路德是中转站，
中间出现的则是因为帕斯卡尔；而在哲学中，则是从伊曼努尔·康
德到海德格尔。

我们可能会惊讶地发现，路德在这里出现了。我提到路德，是
因为发动宗教改革似乎标志着一次反弹，这次反弹变成了一种愤恨，
即试图"拯救"古老的上帝，而非罪人。我抽取出 1512 年这个日
期，此时路德对《使徒书》(*l'Épître aux Romains*) 做了自己的评论。

他张贴自己的檄文，拒绝收回自己的话，强烈地反对那个讨好商业的上帝，而腐败的教会则纵容这种商业，那时的他在这种极端主义中到底说了什么？更加极端的是，他提出了人类之恶的说法，人类带着极端的恶，甚至基督都无法消除这种恶，他把这种教法与一个思想结合在一起，这个思想就是：救赎是可能的，但这种救赎是赚不来的，也不能讨价还价，既不能用金钱买到，也不能用善行交换，这是一种完全被大他者授予的救赎。在此时他又说了什么呢？他难道不就是把上帝抬到了一个绝对大他者的庄严地位吗？这个上帝的创造完全是……任意的，什么都满足不了上帝，因此我们不再知道我们能从这个上帝那里期待什么，唯一剩下的，只有他作为基督徒而赋予这个上帝的"全爱"。一个神秘的上帝复活了，他是救是惩，全凭他意。

至于康德，两个世纪后，他的《实践理性批判》（*Critique de la raison pratique*）以一种伟大而绝望的方式标志着科学的力量，但这部著作也试图将声音世俗化为道德的声音，将之限制在理性的范畴之内。然而，神圣的声音或理性的声音，其实都是一回事。康德的声音并不要求牺牲掉一个亚伯拉罕（Abraham），但要求牺牲掉一切情绪愿景——此外，这也就是拉康说的：对一切人类情绪客体的谋杀，这就是为何拉康要写下《康德同萨德》（*Kant avec Sade*）。神圣或世俗，这两者都要求着肉体的牺牲，都带来了一种震颤，即面对着晦暗的上帝或超我及其不可能的律令时的震颤。因此，康德之后成了"宏大声音"这一伦理的最后一位代表。我说他的尝试是绝望的，因为大他者已经死了，科学出现之后的这一道裂痕是由帕斯卡尔所刻下的，倘若我们相信拉康的说法，帕斯卡尔才是第一位存在主义哲学家。

另一种焦虑

微积分数学家帕斯卡尔，是一位对"空"感兴趣的科学家，也是巴黎公共交通的创造者和工程师，一位冉森教斗士，一位外省论者……还是神秘学家。那么，丝毫不让人惊讶的是，他阐述了作为先知的上帝和作为哲学家的上帝之间的区别，后者也就是假设知道的主体。

一个怎样的信仰分裂者才能冒险提出微积分？他既提出了这种算法，又拥抱着激进的冉森教教义，这种教义就是我所谓的对于"恩赐的加倍或全无"，这种恩赐消除了一切美德的作用，帕斯卡尔一时间再次让类似于路德宗的残暴的激进主义重现历史舞台。他重新唤起了一个理念，即神圣大他者的意志具有绝对的统摄力，而人类的能力则是绝对的匮乏和无力，因此人类对于自身的救赎无能为力。我说的"恩赐的加倍或全无"，实际上是把赌局的术语用在了恩赐之上。有一些人将被救赎，有一些人不会，这已经是上帝所准备的晦暗蓝图所注定了的，而我们不知道是什么启发了上帝的这一愿景。这种"加倍或全无"已经代表着与路德所描绘的上帝所不同的另一副形象，我们完全不知道这个上帝想要什么，他是更心怀大爱，还是更加专断；是更加消隐，而非有着确定的意志？

帕斯卡尔并不是路德，前者生活在科学的时代，因此科学之后的焦虑也不同于对大他者的焦虑，而是一种所谓的对大他者缺席的焦虑。通过对于永生——一个对政治全知的遥远先祖——的算计，另一个维度出现了，它切断了那个统摄一切的声音，而可能性替代了信仰的确定性。显然，对于这个被算出来的上帝，我们甚至不再知晓，他是否还想要什么东西。

而且，帕斯卡尔还提出了一种新的焦虑："无垠虚空的沉默让我恐惧。"而康德则会赞叹"头顶的星空"，他把道德良心的声音转到了造物的层次上。帕斯卡尔的这句话向我们指出：对于这一宏大、惊人、可怕、如此确实的声音的恐惧被替换成了怀疑，这种替换凸显了这一沉默之声，这种声音不再能被听到，而是让造物（人类）成了一种被抛弃的存在，从而陷入了一种迫切的存在性焦虑中，即对于自身极度无助的焦虑。我们从一种毫无缺陷的信仰，掉入了一种令人担忧的谜题，这一谜题总是具有一种问题的意味。

这是一个关键时刻，因为我们不能说，帕斯卡尔的时代就是拉康所谓的康德的时代或者我们的时代："无垠虚空在（科学的）小小的字母背后变得苍白了。"① 科学使得上天成了虚空。在帕斯卡尔看来，无垠虚空的沉默仍旧是模糊的，而他的恐惧也具有歧义，一方面代表着上帝的丧失，一方面代表着上帝的退却，这取决于上帝的声音是真正缺席的，还是传达着一种模糊不清的信息。这并非帕斯卡尔的"神秘之夜"，也不是他对于亚伯拉罕、以撒（Isaac）、雅各（Jacob）的上帝的呼唤，这一上帝可以消除大他者身上的裂痕，也不是他所谓的哲学家上帝的不可逆转的升起：这是计算出来的假设知道的主体，也就是笛卡儿（Descartes）所呼唤的那个上帝。帕斯卡尔其实处在一种分界线上，他摇摆在两种焦虑之间。

形象地说，大他者当中的这条裂痕会不断地打开，直到变成一道巨大的裂口，而从帕斯卡尔开始，焦虑开始变得显耀，这并非偶然：这并不是对于惩罚的恐惧，而是面对着救赎的谜题和不可能而生发的焦虑。焦虑这一主题通过克尔凯郭尔，贯穿到了海德格尔。

克尔凯郭尔感受到了这一新型焦虑的意义，这就是为什么我们通常认为他是存在主义哲学的先驱。但是，矛盾的是，他并不是在基督教的框架中感受到的。克尔凯郭尔的超凡之处在于，他在无可

---

① J. Lacan，«Remarques sur le rapport de Daniel Lagache»，*Écrits*，*op. cit.*，p.683.

置疑的信仰辞说的范畴中，感受到了这种焦虑的本体论意义。只要看看他的作品《焦虑的概念》(*Concept de l'angoisse*) 的目录，我们就会发现两件事：首先，很经典的是，焦虑从始至终联系着罪恶。这一点也不新颖，但是新颖的是第一章的标题"焦虑作为罪恶的前提条件"。因此，焦虑首先就是罪恶性的条件，此外，根据克尔凯郭尔的说法，焦虑也联系着天真，天真就是主体不懂善、不懂恶的状态。那么为何一个天真的人会感到焦虑？克尔凯郭尔的回答是：因为可能性。这种与可能性的关联至少意味着一种选项，这种可能性将焦虑完全放在了造物（人类）的肩上，同时也把造物（人类）关联到了其绝对的自由上。存在的本真性就在于此。

焦虑这一主题成了海德格尔作品的中心：焦虑就是存在的本真情感。对于焦虑的本体论意义，海德格尔提出了许多令人震惊的说法。我如此引用 [①]："面对着未知之物"和"被抛的存在"，即被抛进这个世界。还有一个词"被抛弃的焦虑"，这个词是一句话的总结："被抛弃的焦虑，因此发现此在（Dasein）成了'单人自助餐'（solus ipse）。"焦虑把此在抛入了一种陌生性当中，将他从一种与日常关联的熟悉性中夺走，从一种能让他平静的一系列意指中夺走，等等。这些表达与弗洛伊德所说的创伤性无助（Hilflosigkeit）的意义非常

---

① M. Heidegger, *Être et Temps*, Paris, Gallimard, 1986, p.236-237.

类似。对于"Hilflosigkeit"这个词，法语里的"Déréliction"相较于"détresse"可能是更好的翻译，但是"Déréliction"这个词强调了形而上学的维度，而减损了弗洛伊德所补充的意义——并不是大他者的缺席，而是一个真正危险的在场。

　　焦虑这一主题在文化中的升起并非因为一种个体因素。它联系着某种辞说深处的进展，这种进展就是我们所谓的上帝的丧失。这就是一种"停泊位置"的转变。焦虑，或者说，其可怕的迫害者，之前停泊在上帝的怒火、上帝的声音的律令中，这些都附在神圣的经文之上。始终如一的先知上帝，尽管在历史的进程中失败了，但是仍然是一个被划杠的大他者……被"洞伤"（troumatisme）[①]划杠。焦虑曾经被停泊在了大他者的意志中，但是之后它被停泊在了大他者的缺陷中，而客体本身就纠缠着这种缺陷。因此我要借用拉康的讨论班的一个标题"从一个大他者到小他者"来指出这一焦虑停泊点的转变。

　　几个世纪以来，我们曾经目睹了，焦虑停泊在一个一致性的大他者之上，这是一个说出了自己意志的言说之上帝。这个大他者不再存在了，这已经不是什么新闻，因为支撑这个上帝的辞说已经改变。我已经说过，科学对此影响巨大。现代（这个现代可以持续很

————

① 译者注：作者创造的一个词，此词结合了法文的"trou"（洞）和"trauma"（创伤），即创伤在一个一致性的意义中创造裂痕，打洞的过程。

长时间，我们甚至可以说这是一种后现代或新现代）人类的焦虑，就是一个失去了言说之上帝的人类的焦虑，这种人类知道，大他者并不存在。显然，语言这一大他者存留了下来，也正是这一大他者给了转移的假设知道的主体留下了机会。

焦虑这一情感的历史，及其在历史上的起伏，已经向我们指示出，尽管焦虑的主体性起源正是性创伤这一疤痕，但焦虑依然有可能通过言辞来治疗。正是这一点通过分析的辞说留下了治疗的机会，这一点同时也提出了一个问题，即深受资本主义的全球化所影响的当今的辞说，与焦虑具有怎样的关联。

广义的无产阶级焦虑

总体而言，我们可以说，主体内心的状态，不论是所谓的满足还是不满的状态，都有两重表述：一方面，这是一种社会纽带的状态，也就是我们通常所谓的"社会"，即拉康用辞说结构所描述的内容；另一方面，这是主体的独特的无意识，这是自弗洛伊德开始的精神分析所带来的新的辞说。

资本主义的心态病

对于社会辞说，拉康再一次提到了马克思从古典中借用的他对无产阶级的定义：完全被缩减为其身体的人。马克思补充说，这是

"被生产所缩减的"。拉康将这一定义广义化为"无法形成社会纽带的人"①，因为身体是不足以产生社会纽带的。资本主义与其说是对无产者的剥削的制度，因为无产者不同于剥削的资本家，不如说是一种生产我所谓的"广义无产阶级"的制度，对于这些"广义无产者"，资本主义所提供的连接，仅仅是它所支撑的一些产品或消费品客体（不论有怎样的社会地位），拉康称这些为"剩余享乐"（plus-de-jouir）。

　　然而，没有我们称之为"仿似"的符号产物，就没有任何社会纽带，因为现实本身就是被语言所结构的。资本主义用它所生产的客体取代了这种符号产物。在我们这个时代，人们总是在谈论抑郁症的出现，但是资本主义的真正心态病是焦虑。焦虑在文明中的升起是从克尔凯郭尔，甚至是从帕斯卡尔开始，直到我刚刚提到的，今天的科学资本主义。此外，焦虑是一种联系着"主体的罢免"的情感，这是很合理的说法，当主体觉得自己成了一个客体时，这种情感就会突然出现。比起精神分析，科学资本主义及其技术的影响带来了更为极端的罢免：它将主体用作、滥用作工具。倘若人们对当今普遍化的抑郁而非焦虑给予了更多的关注，我认为这仅仅是因为，那些抑郁的主体更加明显地撤离了生产机器，抑郁对社会带来

---

① J. Lacan, «La troisième», inédit.

的损害比焦虑更大；焦虑有时候甚至可以促进生产。

在我们这个时代，焦虑有了一些新名字，如"紧张""压力""惊恐发作"等。但是这些新名字什么都没有改变。焦虑是如此重要，仅仅是因为资本主义的世界是很艰难的。在西方历史上，曾经有过很多更为艰难的时代，但是倘若我们拥有某种一致性的辞说，就没有什么无法克服的恐惧。[1] 资本主义不仅艰难，它还在另一个范畴中有所欠缺：它摧毁了皮埃尔·布迪厄（Pierre Bourdieu）所谓的"符号资本"。符号资本并不仅仅是可以传递的基础知识，这种知识可以被用作一种社会成功的工具和武器；符号资本还包括了所谓的审美的、道德的、宗教的价值，这些可以让我们为那些考验和磨难赋予意义，让我们具有承受力。布迪厄揭露了遍布在不同社会阶级中的不平等分配。他是对的，但是我认为，这个现象超越了阶级之间的分配不均。倘若读者重新读一读 19 世纪或 20 世纪早期的那些伟大著作，那么一定会发现，这种缺陷就是我们这个时代的特征。斯蒂芬·茨威格（Stefan Zweig）就是这些伟大作家之一，我们可以在他的作品中最为明显地看到这一点，众所周知，他无法忍受这种变化，这些发生在他那个时代的戏剧性的变化。

---

[1] 参见 C. Soler, *L'époque des traumatismes*, Rome, Biblink Editori, mai 2005, éd. bilingue français/anglais.

连接的断裂

拉康用了一个数学式来描述资本主义辞说，这个式子指出，事实上，资本主义意味着人类之间没有连接。而所有其他的辞说都定了某种特定的社会纽带，它们都涉及一个对子：主人辞说中的主人和奴隶；癔症辞说中被划杠的主体（癔症）和其他一切体现主人能指的东西；大学辞说中拥有知识者和被知识塑造的客体；分析家辞说中分析家和分析者构成的对子。资本主义辞说没有提供这一连接，而仅仅是每一个主体与被生产、消费的客体之间的关系。此外，在这个意义上，资本主义真正实现了一种幻想：主体和客体 a 之间的直接联系，除此之外，整个经济体系总体上就是这一客体的前提条件。令人震惊的是，如今的人们认为这一客体是合法、正常的，每个人都被谋求利益和积累利益的兴致所动员起来，他们都引以为豪。只要想想那著名的赢家和输家对立的说法就明白了。甚至《时代周刊》（*Time Magazine*）每周都会评选出一小部分赢家和输家，他们的照片被放在一起，双方都面带笑容，神情空洞。竞争、对立、成功、财富现在成了一种日常辞说的价值，当然几个世纪以来，这些内容都很重要，但是它们曾经都潜伏在一种更加崇高、更加道义的价值之下，这种价值有很多种：爱国、爱上帝、荣誉、美德，等等。

拉康在 20 世纪 70 年代提出了辞说的结构，这体现了他的一种伟大的远见，但当时人们都倾向于继续认为，资本主义仅仅是主人辞说的一种变体，在这个变体中，资本家和无产阶级构成了一个对子，这个对子只是替代了远古时期的主人和奴隶，因此我们所面对的只是资本家阵营和工人阵营之间的一种新的社会纽带。这也正是阶级斗争这一概念的意味，"阶级"意味着共同利益的存在。我们还记得那句标语"全世界无产阶级联合起来"，这句标语鼓舞着一场创造新人类的革命。对于这种共同利益，我们还要补充以阶级团结的共同价值，以及对于这一事业的忠诚，所有这些都暗示着一种复杂的人类关系网络。然而在 1970 年，拉康提出，相反，资本主义辞说是在消灭社会纽带，摧毁了一切形式的团结，使得每个人都要独自面对那些剩余享乐的客体。或许，这是一种新人类，但是这并非人们的期待。在那四十年之后的今天，我们走到了哪里呢？拉康在 20 世纪 70 年代所说的内容如今成了显而易见的事实。我们都身处所谓的"自恋犬儒"（narcynisme）的状态，这个词凝缩"自恋"（narcissisme）和"犬儒"（cynisme）两个词，它指代一种社会状态，在这种状态中，一些超越个体的伟大事业不存在了，阶级团结不存在了，除了自己再无任何可能的事业。事实上，谴责资本主义恶行的抗议声到处都可以听到：这是一种普遍的不稳定，不仅仅是工作不稳定，而且爱、情谊、家庭的连接也不稳定，更不用说意义的缺失，还有让人们……陷入迷惘的孤独。这就是我们这个时代的特征。

从实在的角度思考焦虑

拉康的整个教学都在研究实在。这是很有道理的，因为对于像我们这样言说的存在，一个很重要的问题就是，要搞清楚生活是不是仅仅是一个梦。首先，拉康根据逻辑模式，将实在定义为书写的边界，即不可能书写的东西在符号中"构成了实在的功能"。这样一种实在是一种无意识"本身"的实在，也就是可以在语言中被称作"真实"的实在。但是这并非拉康对这一主题的最终定论。还有一种"增添"到符号之上的实在，甚至是先于符号的实在，拉康将这种实在放在了他自1973年开始构造的波罗米结中，这种实在等同于符号之外的生命领域，这种生命和语言毫无关系。

一种不那么弗洛伊德的焦虑

因此，我们可以开启新的篇章，在讨论了情感和大他者（由各种辞说带来的大他者）的关系之后，我们可以开始讨论情感和实在的关系。在此，焦虑是最为重要的，它是"实在到来的一种典型情感"[1]。

---

[1] J. Lacan，«La troisième»，inédit.

这一对焦虑的新定义超越了"焦虑"讨论班中的定义，后者中的定义都是围绕着客体的。但这一新定义并没有否定之前的定义，而是将之广义化了。

拉康所谓的"实在的到来"使得我们可以列出一系列伪装，在这些伪装中，符号之外的实在呈现出了自身。透过这一说法，我们便可以超越弗洛伊德的定义，后者认为焦虑基本上跟害怕阉割有关，然而弗洛伊德对于阉割的说法是：一个小男孩希望可以用以与母亲相融合的器官的丧失，或者女人的爱恋客体的丧失。对于言在而言，这种缺失当然是实在的，是某些东西实实在在地丧失了，但是作为一种实质的实在，则是"缺失的缺失"。拉康在"焦虑"讨论班中用了这个说法，而且他在 1976 年的《第十一讨论班英文版序言》中重提了这一说法，他说到，实在，就是"缺失的缺失"[1]。

弗洛伊德以某种方式也对焦虑这一概念进行了广义化，他在 1926 年定义了"现实焦虑"，即面对"实在危险"时的无助（无法调用主体的资源）产生的效果。这里说的危险构成了神经症最初的创伤，它就是一种性兴奋，或者准确地说，是一种身体的兴奋，弗洛伊德定义了这种兴奋产生的多种情况。但是，为了扩展创伤这一概念，并且提出一个统一的理论来解释与性欲有关的创伤和由科学

---

[1]　J. Lacan, «Préface à l'édition anglaise du *Séminaire XI*», *Autres écrits*, *op. cit.*, p.573.

文明——在弗洛伊德那个时代，就是最初的铁路事故以及战争神经症——引发的创伤，那么就需要澄清弗洛伊德所谓的"实在危险"。

对这一概念的广义化也是拉康的任务。比如说，倘若焦虑是"被体验的未知"，那么我们就会发现，客体 a 并不是唯一未知的东西。它只是对于被划杠的大他者是未知的，但是符号之外的实在并不说话，这种实在没有大他者，它关系到意义之外的生命的真实。这种实在可以在多种情况下显示出来，这些情况所涵盖的范围包括：从超越了主体的意义之外的享乐的涌现，到一些排除了主体的新辞说的影响，这种新辞说即科学。这些都并不在同一个范畴中。因此，这种焦虑就像一种情感信号，指示着"实在"的每一次来临，显然也就是一种"主体沦为一副皮囊时的感受"，也就是精神分析尤为关注的性生活中，以及文化中的多种场合下，人们出现的"主体罢免"之感。和很多人一样，我还记得这样一幅图片，上面是一个年轻的越南女人无助的面庞，背后是被汽油弹轰炸过后的村庄；还有那个哥伦比亚小女孩，她独自一人身处海角，面带迷惘，一场泥石流正在无情地吞没那个海角。

拉康把这些联系着实在的焦虑都放在了他的波罗米结中。当时，他在 1974 年的一篇文章《第三》(*La troisième*) 中试图将弗洛伊德三元组"抑制、症状、焦虑"放进波罗米结，对此，他之前已经在"焦虑"讨论班中进行了大量的讨论。

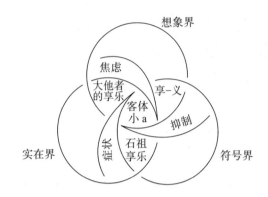

在此，我们看到，尽管这类焦虑在意义之外，它们却并不在身体之外。然而，这类焦虑的实在威胁到了言在的身体时，它便显示出一种"与一切真实的相悖性"①。这一说法明确指出，它与主体的真相，也就是我们在生物学、在个人的人生叙事、在分析中找到的真相毫无关系。当分析者探索他和大他者的关系，当他从根本上发现了幻想的独特意义（他借助这种意义与大他者、与具象化为大他者的人联系起来，这个意义就是一个核心的、稳定的所指，调整着他与这个世界的关系）时，这种真相就会被指代出来。这种持续的幻想很少是令人愉悦的，反而常常是痛苦的，但是这种幻想并非没有满足分析者，它带给了分析者拉康所谓的"享-义"，即对意义的享乐。

而符号之外的实在并不是呈现为意义的享乐，而是呈现为焦虑情感或症状。症状作为一个"身体事件"就是实在以一种特定的享

① J. Lacan，«Préface à l'édition anglaise du *Séminaire XI*»，*Autres écrits*，*op. cit.*，p.573.

乐形式的"到来"，这种享乐可以排除意义。这并非一种我们可以想象为属于有机生命体的享乐，而是一种已经被"去自然化"的享乐——即它具有一种"字质"（motérialité）^① 性，这种享乐处在啦啦语的意义之外，且会对我们造成影响。言在主体的所有享乐都被语言所"去自然化"了，但是并不是所有的享乐都在符号之外。对于意义的享乐和石祖享乐（后者联系着词语的权力），可以透过解码的方式而得到分析，它们并不是在符号之外。相反，症状的享乐（即症状带来的享乐）则体现为一种"排除了意义的模糊性"^②，这就是啦啦语影响作为一种实质的身体所带来的结果。在症状中，两种意义之外的东西结合在了一起：享乐的实体和啦啦语。语言的链条带来了所指，所指来源于符号。但这并非是啦啦语；因为啦啦语是实在的，而非符号的；啦啦语是由多种元素组合而成的，这些元素并不能传达特定的意义，它们只是意义的一种非充分条件，每一个元素根据语言结构的不同都可以承载多重意义。

　　我说到了症状。但是我要指出，即便是在精神分析家当中，拉康派可能是唯一还在谈论症状的，因为在英语世界中，人们反而是在谈论障碍（disorder），比如说强迫障碍、创伤后障碍，等等。我

----

① 译者注：作者创造的一个词，此词结合了法文的"mot"（字词）和"matérialité"（物质），即文字成了一种物质。

② J. Lacan, «Joyce, le symptôme II», in *Joyce avec Lacan*, Paris, Navarin, 1987, p.36.

们还在使用"症状"这个词，而症状被定义为一个信号。它指向什么的信号呢？

在拉康的教学中，他对于症状的构想一直在演化，最终拉康提出，不存在没有症状的主体，这意味着，症状不仅是一种障碍、一种干扰，也是一种解决方案。我们可以毫不矛盾地说，症状让每个人都适应了。适应了什么？不是某种辞说规范，因为相较于这种规范，我们不如说，症状其实是一种个体反对性的障碍，反抗着辞说的规制。但是，每个人又因此适应了无意识所带来的某种给定结构，这种结构可以由分析本身来揭示，拉康称之为无意识固有的实在，这种实在的结构可以表述为"没有性关系"。这意味着，在语言结构中，性别并没有留下任何可以让两种享乐汇聚到一起的信号，而且语言与弗洛伊德所谓的"爱若"（Éros）并不相配。但是，由于"大他性别"没有被登记，因此症状就出现了，症状是无意识的发明，它在人类种族之外补充了一种一直缺失又永恒存在的关系；这就是一种混合物，在其中无意识的语词元素（能指链或"一字"）与享乐的实体元素结合在了一起。

性化的焦虑

不同性别中的焦虑

我现在要转而讨论焦虑和性别的关系。我们认为，男女之间的焦虑是不同的，因为男女本身就不一样。

我们知道先前弗洛伊德的论述：焦虑就是阉割的焦虑，它是一种对于男性器官的威胁，因此这种威胁在女人身上不存在。这种不存在带来了另一种不存在，即文明化的超我的不存在，而根据弗洛伊德的说法，超我也来自阉割焦虑。当然，弗洛伊德在 1926 年就修改了这一观点。对于丧失爱、丧失那个携带着男性器官的男人的爱的恐惧，在女人身上也就等同于男人身上的阉割焦虑。然而，最初关于"阉割焦虑"的假设依然成立。

在这一点上，拉康在"焦虑"讨论班上留下了一个谜题。我之前说过，拉康借用了很多克尔凯郭尔的观点；然而克尔凯郭尔引入了一种性别公式，他认为女人比男人更为焦虑。拉康质询了这一点，但没有做出结论。直到这个讨论班最后，拉康才最终找到理由赞同克尔凯郭尔的说法。

女人不是蜥蜴

事实上，焦虑并非没有客体，这一说法并不能让我们区分男女在焦虑上的区别。此外，这一说法并没有说明，客体是焦虑的原因。由于客体是在语言的影响下撤出去的一部分生命，它并非联系着父亲，因此它成了欲望的原因，因此它等同于不可见的量子所带来的压力，这一压力创造了欲望，但它只在特定情况下可以激起焦虑。

这对于一切言说主体而言都是如此。

此外，这个讨论班还大量讨论了性交时的焦虑。拉康总是说，欲望和阉割是行动的决定条件，这对于男人而言是这样的，但对于女人而言不是。在这个讨论班中，拉康坚持认为，在享乐的层面，女人没有任何缺失，甚至，在享乐上，女人优于男人，因为女人在和欲望的关系上更为自由。我们在此是在说性生活中的享乐，而不是主体。拉康在此提到了 T. S. 艾略特（T. S. Eliot）的《荒原》（*The Waste Land*），还提到了一句格言，这句格言列举了三件无法留下痕迹的事情，其中一个就是女人心中的男人。那么女人比男人更不焦虑吗？

拉康最终又是如何赞同克尔凯郭尔的呢？他不仅仅指出了客体到底是什么，还指出了客体在性关系中起到的作用，这一点直到讨论班的末尾他才有所论述。这期讨论班一开始就指出，这个不可提摸的客体，这个最初撤回的客体，先于主体本身，它可以被定位在能指所切分的某些身体部位上：口腔、肛门、窥视域、呼唤域。因此，这个客体会由于这"四个阶段性实体"①而被复数化，这些实体会决定欲望的特定形式，我们可以说，它们用身体的或去身体的冲动的词汇，解读了被划杠的大他者。

---

① J. Lacan, «Note italienne», *Autres écrits*, *op. cit.*, p.309.

至此，直到这个讨论班最后，拉康才对客体的伪装有了某种新的认识：客体对于焦虑的可能用途。这种用途可以总结为一个词。在此之前，拉康已经谈到过"掉落""裂口""客体的丧失"这些词。而在这期讨论班的最后一章，他提到的是客体的"退场"（cession）。这个词完全不同于前面那些，因此客体在两性关系中的作用，在于《精神分析的四个基本概念》中引入的分离的功能。这就是为何我要提到一种分离的情感，这种分离伴随着存在者在能指层面最基本的意义和无意义之间的摇摆。客体的退场并不意味着一种结构的效果，而是一种可能的用途、一种操作，它使得我们可以对焦虑做出回应：在接近大他者的欲望时，客体是可以退场的。而且拉康清楚地指出，焦虑的时刻先于这种退场。在大他者展现出其缺口的创伤性时刻，这种退场就是一种回应，伴随而来的就是，主体被缩减为一个不可知的、消逝的客体，从而感到焦虑。因此这种等同于身体的碎片的客体"就像是蜥蜴断尾求生"[1]。总之，客体 a 的产生在逻辑上先于主体被划杠，正如拉康所言，这就是一种原初阉割，而客体的退场是为了回应这种阉割，而在之后出现的。

然而，在性别关系中，正是石祖器官扮演着客体 a 的角色，拉康认为，这一器官的"消肿"（弗洛伊德注意到，这在主体的经验上

---

[1]　J. Lacan，《Du *Trieb* de Freud》，*Écrits*，*op. cit.*，p.853.

十分重要）代表着一种与大他者分离的功能，它等同于冲动客体的退场，实际上它打断了欲望朝向大他者的享乐之谜的前进之路。拉康在此对阉割进行了一种自然主义式的再诠释，这种诠释是根据阴茎这一器官实际上的特征的，这些特征就凸显出欲望和享乐在结构上的差距，只要这个器官"退场"，那么前者就不可能和后者联系在一起。这就是"性关系不存在"这一说法的前身，这一点也指出了，在每一次性行为中，这种石祖器官的掉落会反复体现为一种分离功能……拉康强调，这种功能给人带来放松。拉康并不羞于提到一种"阉割的欲望"。他之后重述了这一点，并说道，正是成功的性关系，而非失败，使得在享乐之间并没有性关系。

但是，当女人面对大他者的欲望时会如何呢？对于女人来说，可以退场的部分客体并不存在。当然，女人也可以在男性器官软掉之后感到放松，但是这并不取决于她。正是这一点让拉康为克尔凯郭尔的说法找到了基础：女人在两性关系中更焦虑，因为她们除了她们自己之外没有任何客体可以退场。这就是不做蜥蜴的坏处！

从此，我们就可以澄清很多事情。首先，女人可以理想化男人的欲望，可以猛烈地抓住这种欲望，但是她不会让这种欲望实现，也就是当她真的被这种欲望指向时，她只会逃跑。正如拉康的定义，这是因为女人与分离的关系只存在于冲动客体的层面，或者更准确地说，这种分离关系只存在于拉康认为前阉割期的要求的客体层面。

而在性化的欲望层面，退场的客体依然在伴侣身上。这就会导致焦虑！

在这一点上，我们必须补充一点，这种小他者的（即拉康在"再来一次"中说的"疯狂又神秘的"）享乐并不是由客体 a 造成的，大他者对此也不负责任，它本身就是实在的伪装。女人不会受到阉割，这一事实让拉康在"焦虑"这一讨论班中说，在享乐方面，女人优于男人。是的，但是这也是补充性焦虑的原因，因为这种享乐会"超越"① 女人，最终将她等同于某种无法认同的东西，这种享乐就是一种不会带来任何保证的实在。

---

① J. Lacan, «L'étourdit», *Scilicet 4*, Paris, Le Seuil, 1973, p.23.

第三部分
情感理论

—

有情感的生命

我们认为，没有一种情感不伴有身体反应，要思考情感，我们就必须"考虑到身体的因素"[①]。而情感中身体的反应确实也非常明显。比如，拉康提到了肾上腺素的释放，但还有很多其他的例子：焦虑时喉咙的哽咽、手的颤抖、羞怯时声音的颤抖、大腿的抖动、心跳加速、眼泪，等等。文学、戏剧、舞蹈，尤其是哑剧都会用身体来表达舞台上人物的情绪和情感。当然，情感透过身体可以扰乱身体的机能，但是情感是从身体中来的吗？这个问题就在于，到底是什么在产生情感，是什么受到了情感的影响。我们倾向于认为，主体受到了情感的影响，因为他体验到了人类各种各样的激情，但是我们不如说是生命体受制于语言的影响，而这种影响所产生的回响，正是主体在满足和不满之间的种种情感？

身体这个主题依然没有过时。关于身体的历史和记录都指出，

———

① J. Lacan, *Télévision*, *op. cit.*, p.39.

我们如今已经认识到，身体不仅仅是一类固定的生命有机体，它也是文明转化的一种产物，每一具身体都在最为私密的体形上、身体的社会意义上刻下了各自的标志。身体受到教育的驯服，身体受到一些辞说的影响，乃是一种艺术的产品，而这种艺术正是通过形象、感知觉而带来影响的，对此，谁又可以质疑呢？在这个意义上，有机组织的个体支撑了被能指代表的言在主体，这个身体准确地说，并不是我们所谓的身体。事实上，我们有三个不同的概念：（1）作为生物学研究的客体，而精神分析很少认识的有机生命体；（2）被话语定义的主体；（3）作为症状的主体因而被精神分析所研究的那个身体。

拉康常说，身体是想象的。事实上，镜像阶段所强调的那个自恋形象，本身就联系着最初的认同，言在主体通过这种认同而认识自己。此外，经验展示出，每个人都如此着迷这个形象，以至于对这个形象的影响——要么是事故的影响，要么是如今的整形矫正手术的影响（比如说移植手术）——一定会招致一系列特定的情绪和情感。这一点非常清楚地指出，这个形象远不是对自然形式的一种反映，而是被各个文化中辞说的意义和规范所极大地渗透了。正是因此，纵观历史，各种各样的身体形象都是不同的。然而，除了这种由符号建构的、由辞说塑造的形象之外，我们还要补充一种冲动的身体，它也就是症状的主体。后者并不是想象的——它包含着扰乱机体平衡的力比多和享乐，因为拉康说，要享乐，"就必须要有一个身体"①。而这个问题其实就是，这个身体是否完全可以归结于精神分析所处理的无意识知识。

拉康的假设

我们很难搞清楚，是否存在着一种纯态生命的享乐，是否这种说法是有意义的，是否植物或树木也会享乐，但是对于我所谓的言在的"文明化的身体"②，它的享乐总是有语言的标记。弗洛伊德通过癔症所展示出的"转换"现象可以如此来概括："身体是以能指的方式身体化的。"③言在的享乐就是被转换为语言的享乐——换言之，是被对无意识的解码所情感化的享乐，这种被情感化的东西，也就是肉体中的身体性的个体。在此，我们要提到拉康的一个假设④。这个假设就是，能指可以影响其自身之外的一个他者，它可以影响身体性个体，这个个体也就构成了主体。这种语言对主体的影响，很早就显示为一种丧失的效果，它和实在中的其他效果关联在一起，而那些效果可以调节享乐，症状就涉及这种享乐，并且这种享乐在

---

① J. Lacan, Séminaire «Le savoir du psychanalyste», inédit, leçon du 4 novembre 1971.

② C. Soler, *Lacan*, *l'inconscient réinventé*, Paris, PUF, 2009, p.192 et s.

③ J. Lacan, *Le Séminaire*, livre XX, *Encore*, *op. cit.*, p.26.

④ *Ibid.*, p.130.

性关系方面也会产生影响。

因此，第一个施加影响的方面就是语言，而被影响的方面不只是我提到的想象的身体，也包括其享乐的能力，拉康说，享乐就是精神分析能够处理的唯一实质。我们可以说，"对身体的实质的定义只能是，那个享乐自身的东西。无意识，就是生命体的属性，但是我们并不知道，除了这一点之外，生命还能意味着什么，即身体就是某种享乐自身的东西"①。拉康在《电台》中换了一种方式说：身体就是"大他者的位置"②；这也就是符号把身体内化的位置，但是这个位置的特征是享乐。被解码的无意识具有一种语言结构，拉康从此出发，重新定义了结构：语言对享乐施加的影响，这是一种"瘾言学影响"，而非语言学影响！语言的影响就是语言的操作层面，根据拉康的假设，最初的"影响"就是客体 a 既代表了丧失的影响，即少于享乐，又代表着弥补这种丧失的剩余享乐的碎片带来的影响。"只有一种情感，那就是客体 a"，更广泛地说，拉康补充了一点，正是啦啦语"文明化"了享乐，我们可以说，正是啦啦语，通过表象和字母，给享乐赋予了形式。

拉康与弗洛伊德的差别是很明确的。弗洛伊德认为，精神装置

---

① J. Lacan，*Le Séminaire*，livre XX，*Encore*，*op. cit.*，p.26.
② J. Lacan，«Radiophonie»，*Autres écrits*，*op. cit.*，p.418.

是一个最初的一些痕迹 [1] 再次被转译的登记系统，他区分了原初过程和次级过程，因此他完全认识到了语言的效力，这也就是弗洛伊德所谓的通路（Wege），正是这些话语的通路，使得创伤痕迹可以从无法控制的重复，经由某种移置，通向快乐原则。正是因此，拉康自认为可以在文章中提出一个假设——"无意识像语言一样被结构" [2]，这是一个弗洛伊德式的假设。这个假设承认了语言登记系统对实在的创伤遭遇具有治愈作用。根据弗洛伊德的说法，这种实在的创伤一开始就涉及身体，这一点我已经提到过了。

然而，在弗洛伊德的文献中，除了他论述的语言机制之外，人们找不到一丁点有关创伤的语言性原因的暗示。当然，弗洛伊德已经注意到由缺失构成的欲望具有一个标志性的效果，即标志了最初的满足经验（《梦的解析》最后）；他也提出了丧失的客体这一概念（1904），并且注意到了重复（1920），强调了创伤联系着主体的根源（1926），但是我们还必须进一步回到拉康的假设，即语言对生命的作用，以及他之后的假设，即语言是被享乐的。

这个假设的提出是为了考量精神分析本身的效果，拉康在 1973 年的"再来一次"讨论班中提出了这条假设，但它的首次露面却是在之前，我们可以追溯到拉康一开始把主体定义为语言的效果的

---

[1] 参看《科学心理学大纲》以及与弗里斯的第 52 封信，Paris，PUF，1979。

[2] J. Lacan, *Télévision*, *op. cit.*, p.37.

时候。婴儿被接受进了话语的维度——拉康所谓的"话之维"（dit-mension）——于是成了言说的主体。除了一些小自闭症之外，婴儿可以进入语词的包裹中，这些语词先于我，包围着我，并且把其先在（a priori）的成分压在我身上，这一过程并不仅仅是习得了一种补充性的表达工具，即高级哺乳动物所缺少的工具。进入语言有更多的意味：离开"自然"。这是一种我们只能想象的自然，我们假设，动物就是这种自然物，这是一种去自然的过程，是我们最早的生命所丧失的美德，是我们被人化所需要付出的代价，而狼孩是再也不可能得到的。

我在此只是回到了一些基本点上："要求必须加上需要……来让主体……进入实在，然而需要变成了冲动，于是现实被抹去，而成了一种满足爱的符号。"① 主体进入实在，也就是从大他者中离开了；众所周知，甚至在主体出生之前，我们就会谈论他。正是从大他者之处，主体接收了其最初的神谕；在这个意义上，他的无意识就是"大他者的辞说"。但是，当主体第一次讲述出其要求时，他才能够从大他者的空间中脱离出来，在这个空间中，他是被谈论的；而且即便主体的要求从大他者那里借用了一些能指，这种要求在实在层面，也会对主体最初所是的那个小婴儿产生影响。这种影响针对的

① J. Lacan，«Remarques sur le rapport de Daniel Lagache» (1960)，*Écrits*, *op. cit.*，p.654.

是主体最早的那些需要，也就是能指所标记的要求，一旦这些需要用语言讲述出来，这种要求就变成了冲动（口腔、肛门等）。因此，大他者的辞说中所假设的主体进入了实在，也就脱离了大他者辞说的链条。

我们在此可以见到言说要求的过程中这一悖论的第一个影响：当要求用语言表述出来时，它就让主体成了最原初的社会存在，主体就和对他说话，并给他给养的大他者关联在了一起（无意识并不是某个集合体，而是联系着语言）；但是，在转化这种动物性需要的循环节奏中，同时出现的还有冲动，而弗洛伊德很早就强调了冲动是异类的、破碎的、无法穷尽的。主体从动物性存在中脱颖而出，意味着生命的某种丧失，这种丧失就在于，"不满"变成了精神中最初的构成成分，正是因为这种不满，欲望和本质上无法满足的爱永远都不会停息，它们与大他者的社会性规范时常难以协调。

这就是我们论证的第一步。

语言作为享乐的装置

1973 年，拉康再次提到了语言的效果："我的假设是，受无意识影响的个体，也就是我所谓的能指的主体。"[1] 在"或许更糟"（...ou

---

[1]　J. Lacan, *Le Séminaire*, livre XX, *Encore*, *op. cit.*, p.129.

pire）中，拉康继续谈道："我认为，知识影响着存在者的身体，存在者只有通过言说才能存在，这一过程即打碎身体的享乐，并因此切断身体，以至于产生了一些碎片，这些碎片就是我所谓的（a），我们可以读作小 a，或者 abjet（a 体）。"[1] 拉康的论述似乎和之前没什么不同，但事实上，这是完全不同的论述，也是对之前论述的补充。拉康强调的重点从语言产生的排空功能，转变为语言对言在主体的享乐的调节功能。此时的主体依然被定义为一个能指为另一个能指指代的东西，因此主体也是缺失的存在，也是"其存在总在别处"[2] 的存在。但是在这个语境下，拉康参照亚里士多德而所谓的"个体"其实等同于生物性存在。而语言就是其享乐的"装置"[3]，正如我们在症状中所见到的，在这种装置中，无意识的词语元素和身体的享乐实质结合在了一起。在此，我们谈论的不再是冲动的丧失客体的功能，而是词语和享乐在两个意义上的第一次耦合：身体的享乐受到了符号对生命体之实在的影响，而且词语本身也是享乐。[4]因此，拉康用"言在"这一术语代替了"主体"这一术语，以指示出，语言作为一个动作者，透过言说影响着享乐的实质，不仅仅是为了消除这种实质，也是为了调节它，甚至是以另一种方式激活它。

---

[1]　J. Lacan，«... ou pire»，*Scilicet 5*，Paris，Le Seuil，1975，p.8.
[2]　J. Lacan，*Le Séminaire*，livre XX，*Encore*，*op. cit.*，p.130.
[3]　*Ibid.*，p.52.
[4]　参见第五部分中的《知识之谜》。

因此，对无意识的定义也从符号转向了实在，将无意识视为实在的（或者所谓的"实在无意识"）这一观点也就是我所强调的，我将这种无意识写为 ICSR（Inconscient Reel），如此以书写的形式来强调这种无意识在意义之外的"字质"。实在无意识不仅仅被定位为一种物质性，也被定义为由啦啦语影响实在而在意义之外的字质性。

拉康最初说，无意识像语言一样被结构，这里的语言并非一种普遍意义上的语言。拉康很清楚地将语言定位为一系列离散的、可组合的、可替换的元素，不论这些元素本质上是不是语言性的。"能指本身什么也不是，而只能在与其他能指的差异上被定义出来。"[1]在这个意义上，最初的身体经验留下的记忆痕迹——享乐的这些单一特征，弗洛伊德通过对于创伤的定义展现了这些特征的重要性——可以被称为能指。然而，一旦有了一个痕迹，就会有缺失和熵，破碎也就出现了，这就是弗洛伊德的论点，我们也可以在《梦的解析》[2]中找到这一论点。

为什么这些被看到的、被听到的、被感觉到的事物会导致弗洛伊德所谓观察到的那种创伤，即使弗洛伊德并没有解释为什么这些事物是创伤性的，只是提到了这些事物与禁忌、理想是不协调的，然而经验证明，不论周遭的辞说环境多么消极，创伤依旧可以

---

[1] J. Lacan, *Le Séminaire*, livre XX, *Encore*, *op. cit.*, p.129.
[2] S. Freud, *L'interprétation des rêves*, Paris, PUF, 1967, p.481.

存在？这并不是如弗洛伊德观察到的，由于这些事物给主体带来了过量的兴奋，也不是由于它们没能进入辞说当中；而是由于创伤的这些单一特征与性别毫无关联，它们本身就是全一的享乐，它们是非性的，而且几乎无法创造任何联结；这是一种"不该存在"① 的享乐，然而欲望的纽带和对爱的渴望在现实中还有某些对应。拉康称这种创伤为"洞伤"，换言之，这是一种对于性别的排除，性别存在没有在无意识中铭刻下任何标志，而无意识只能认识到一种"全一"。由于生命体的享乐已经丧失，剩下的就是语言所影响的享乐，这种享乐是部分的、破碎的，因此我们可以称之为"阉割后的享乐"。这种享乐转换成了无意识的语言，于是不再和铭刻它的元素分离开了。因此，它便有了跟能指同样的结构，这一结构就是无意识中的"一"，这种"一"和大他者性别中的"二"没有关系。

但是，更进一步的是，享乐会穿透享乐所投入的能指。这就是拉康在"再来一次"中所引入的真正新的内容，他在 1975 年将这部分内容写成了《R.S.I.》：于是，他在这种铭刻进环绕生命体的实在的无意识上增添了"无意识的享乐"。语言作为一种施动者，对生命体的影响，并不同于语言作为一种享乐装置的影响。我们认识到，语言对享乐会产生影响，也就是拉康在早期就提到的，这并不一定

---

① J. Lacan, *Le Séminaire*, livre XX, *Encore*, *op. cit.*, p.55.

会带来语言和享乐这两个维度的异质性的问题。相反，啦啦语是一种装置，享乐通过这种装置来流转，而无意识是一种知识，这种知识可以享乐自身，并且让这两个维度具有同源性。

作为语言的无意识是一种在享受的无意识，一种享乐的无意识。因为，能指可以互相替换，任何能指或元素都可以成为一条编码的信息，并且变成一个客体，一个特殊的"从其他中脱颖而出的那一个"，从而被它所凝缩的享乐提升到"一"的位置上，不论这个"一"是否被称为一个信号或是一个字母。"实际上，任何能指，不论是一个语音还是一个完整的句子，都可以成为一条编码的信息（个人信息，就像战争中的电台播报），这个能指可以被孤立为一个客体，而且我们发现，正是能指使得，在言在的世界中，存在着一个作为'一'的事物，换言之，这个事物就是一个元素，也就是希腊语所谓的'元素'。"①

我认为，我们在使用"满足"和"享乐"这些术语的时候有必要更精准一些。我已经提到，在拉康的假设中，情感关系到三个概念：语言（因为我们都是言在），身体，主体。语言是一个有情感的部分，它与它所影响的身体的享乐锁定在一起，从而进入了实在。主体作为一个结果，也受到这种享乐的影响——"能指影响的享乐"

---

① J. Lacan, *Télévision*, *op. cit.*, p.21.

可以被定义为症状——主体也就相应地受到这种满足-不满的影响。"一个主体与享乐并没有太大的关系。"拉康如是说。但是，由于无意识的享乐，主体也会受到一种"他者满足"——这种满足并不针对它的需要，这种满足联系着说出来和没说出来的内容——仿佛受影响的享乐通过毛细吸收效应，反过来溜进了词语的空间。

这等同于说，享乐无处不在。它不仅存在于被称为症状的"身体事件"中，而且还存在于言在中。"无意识不是存在者在思考这一事实。而是这样一个事实：通过说话，存在者在享乐。"[1] 我要补充的是，无论是在醒着的状态下还是在梦中，这都是正确的。谁能怀疑这个话语，不仅是听到的话语，而且是阐述的话语，那些"说出的和没有说出的"话语对我们的情绪产生的无论好坏的影响？谁没有体验过，对最终发现的某个词或说法而感到满意？有谁没有过这样的体验：头天晚上的梦给一整天蒙上了一层阴影？说话是一种享乐，更不用说朗诵诗歌的情感效果了，这是人们早就意识到了的。

因此，享乐本质上涉及身体，而满足-不满涉及主体，是对享乐状态的回应。然而，享乐和满足-不满并不是对称的。不满可以被称为精神的第一个组成部分，因为它与语言的负面影响联系在一起；语言以三种形式引入缺失：存在的缺失、享乐的缺失、知识的缺失。

---

[1]　J. Lacan, *Le Séminaire*, livre XX, *Encore*, *op. cit.*, p.95.

许多情感都是对这种三重缺失的反应，一开始是一种无能感。相反，拉康在"再来一次"中提出的与需要有关的"其他满足"，是主体对"基于语言"的享乐，对已经进入语言、进入无意识的享乐（这几个术语同义）的回应 ①，也是一种对被说出的享乐的客体的字质性的回应。这就是从闲聊中获得的满足，它是自由联想的前提。

症状本身是一种混合的形式：尽管它是实质显现，但它仍然是维持它的单一元素的享乐。正如拉康在《R.S.I.》中所说，这是一种无意识字母 J（x）的享乐。我们可以从女人鼻子上的光芒中看到这一点，就如同弗洛伊德的一个病人一样，这一点是性吸引的先决条件，这一点把这个女人提升到了那位病人的对象的层面。人们可能会认为这是倒错的特征，但一个事实就是，这种特征永远不会缺失；闪光不仅仅是性的前提，它本身就是一种享乐的语言元素，这与病人是双语者的事实，以及语言中的双关关联在一起——在德语中的 Glanz（闪光）和英语中的 to glance（看到）的关联……这就是主体的满足。

因此，言语和享乐之间不可能形成一种对立，我们无法想象一个人可以通过说话来摆脱享乐，却只突出欲望。享乐可以被取代或固定——其经济情况因此可以改变——但它不能被消除。然而，人

---

① J. Lacan, *Le Séminaire*, livre XX, *Encore*, *op. cit.*, p.49.

们可以在意义上的享乐（正如拉康所说的那样）和意义之外的享乐之间形成对立，后者是实在的，因为我们认为，实在被定义为存在于符号之外。前者显然涉及主体，因为除了主体之外没有任何意义，后者则涉及身体。然而，詹姆斯·乔伊斯（James Joyce）在《芬尼根守灵》(Finnegans Wake) 中证明，主体可能会接触意义之外的语言的享乐，或者可以说，接触被降低到一个"话之维"之谜的意义。① 如果思想是享乐，那么我们就没有办法像安娜·弗洛伊德（Anna Freud）那样，在所谓的客观知识和欲望机器之间，或者在每个人固有的享乐的机器之间形成对立。语言作为享乐的装置，是精神分析对认知主义假设的绝佳抗议。这也是拉康所希望的反哲学的基础。②

因此，拉康是从语言作为施动者出发，重新思考弗洛伊德所提到的冲动，即精神能量和情感，他如此做是扩展了情感的领域，而非将之缩小。

---

① Voir C. Soler, *L'aventure littéraire*, *ou la psychose inspirée. Rousseau*, *Joyce*, *Pessoa*, Paris, Éd. du Champ lacanien, 2002.
② 参见第五部分中的《知识之谜》。

并非没有辞说

正是由此，我们可以如同圣托马斯、笛卡儿、斯宾诺莎（Spinoza）或其他以前的哲人一样，写出一本新的《激情论》（*Traité des passions*）。

我们认为语言的影响带来了"性的诅咒"，这种诅咒创造了爱情的不幸，但其结构基础只有通过精神分析来揭示。语言的影响是结构性的，而非偶然的，因此，这种影响定义了言在的享乐状态。在此，丧失和分裂带来的负面影响是非常普遍的。毫无疑问，这正是弗洛伊德用"阉割"一词的目的，拉康把这个词与"阉割情结"区分开，从而强调了这一点。

而对我所提到的享乐的无意识的另一种满足，则与"享-义"相结合，这种满足显然具有历史的功能：它既是每个主体特有的历史化的功能，也是资本大历史的功能。

这就是为什么，倘若我们注意到，一个主体的某些情感对他自己而言相当特殊，就如同他所拥有的身体，以及让他显得特殊的无意识一样，那么我们也会注意到，也有一些很多人所共有的症状，这些症状能让人们体会彼此、同情彼此，我将其描述为一些标准的情感，在这些情感中，每个人都会有所体会，从而跟他人共情。此外，我们难道在阅读那些古代作者的著作时，不会被他们的叙述所打动吗？就如同，我们孩童时期在阅读到尤利西斯（Ulysse）、阿喀琉斯（Achille）、帕特洛克罗斯（Patrocle）的伟大功绩时所体会到的情绪，这难道不是一种跨越历史的"人类激情"吗？

这是因为除了语言的影响之外，我们还要补充一种弗洛伊德所说的"文明"的集体影响，拉康将其重新命名为"辞说"。这个术语表明，在我们的社会现实中，语言结构不仅仅铭刻进了无意识，它也决定着社会联结，它在每个时代都掌控着身体的经济、人际关系的处境，并由此决定了某个特定时代的主流情感。

毫无疑问，在我们与同伴面对面的关系中，有一些情感似乎是相对自主的：所有的想象性的情感，这些情感的范围涵盖着从怜悯到憎恶的一切，这些情感可以带来忠诚的友谊，也可以带来自相残杀的战争，它们跨越了几个世纪——至少它们创造了我们当今的世界。拉康借用过达利（Dali）的一个术语"偏执知识"，而对此，我们应该再加上一个术语——"偏执的情感"，这些情感就是镜像关系的特点，因为这种关系还没有通过情感而上升为一种知识。因此，卢梭作为一个"聪明的偏执狂"（拉康的说法），他将怜悯作为最为重要的一种情感，这并非偶然。

然而，想象本身并不能逃脱历史的维度，因为它总是与符号联系在一起。因此，这种能让我们彼此认同的共情的错觉，使得我们混淆了这个时代的悲情与希腊悲剧，两者虽然同样凄美，但其实彼此全然不同。因此，另一方面，不同代的人们之间的争论，证明了情感的历史性，长辈似乎不再能在后辈的经历中感同身受，反之亦然。因此，最后，更普遍的一个问题在于，我们要知道，除了联系着作为缺失的存在的主体的那些情感之外，是否还有其他跨历史的情感。拉康在构建情感的结构时，同时对存在的三大激情进行了论述：爱、恨、无知。他从佛教里面借用了这些概念，而这些概念与不随历史演变而变化的普遍结构的观点很吻合。

并非没有伦理

事实上，尽管没有清晰地阐释，但是拉康在论述了精神病之后，写过一篇关于情感的《……可能的治疗的先决问题》（*Question préliminaire à tout traitement possible...*）。他首先论述了一种最为普遍的情感——焦虑，并且总结了焦虑的结构。他认为，焦虑是一种实在的情感。这里的"实在"具有双重意义，它既是一种不可能之洞，将符号变为实在；也是一种可以呈现自身的符号之外的实在。因此，正如我引用过的，拉康后期的一个说法是：焦虑是实在来临时的一种情感。正如我们所见，情感是一种反应，那么是对什么事物的反应呢？这个事物很明显是非常实际的，因为，倘若情感是一种效果，那么只有引起情感的事物才能处理情感，这样一来，整个问题就牵涉太广了。

拉康并没有单独去讨论情感的先决条件。然而，他的论点似乎是独创的，甚至在 21 世纪都是独一无二的。我们曾说过，20 世纪是语言的世纪。拉康确实属于这个世纪，但只有他认为语言是一个主动者，而其他人更多的是关注所谓的心-身问题（mind body problem），当然这个问题也涉及身体，但是这是一种有机体意义上的身体，而且这是把身体当成了语言的原因。乔姆斯基（Chomsky）就是如此。令拉康惊讶的是，乔姆斯基并没有把语言视为一个主动者，而是视为我们所掌握的一种进行交流的工具。

在精神分析界，拉康是独一无二的，尤其是相对于英国的精神分析学派来说。拉康认为那些英国精神分析家都算是一些"哲学家"。这不是一种恭维，但拉康也解释了自己的这种说法：说他们是哲学家是因为他们并不相信语言远非一种表达的工具，而是会产生影响。因此，我们可以说，在语言对什么个体的主动影响这一问题上，拉康在 20 世纪里是独一无二的。

在 20 世纪，拉康是独一无二的，但是在整个历史中，他并非如此。他在《电视》中谨慎地指出了这一点。他轻蔑地批判那些医生和心理学家，他借用柏拉图和圣托马斯的观点，并回顾道，为了给予"灵魂的激情"以秩序，此二人不得不讨论"那个我觉得仅仅被结构所影响的身体"①。当然，这并不是说，这两个哲学家赞同拉康的假设，因为为了给予"灵魂的激情"以秩序，他们并不仅仅提到了身体。

我认为，拉康对这些久远作者的援引有着深远的意义。这不是拉康第一次追溯西方文明的起源，在我看来，他曾经也出于同样的

---

① J. Lacan, *Télévision*, *op. cit.*, p.39.

理由来看转移之爱——许多人仅仅将转移之爱视为一种精神分析独有的现象——但拉康在《会饮篇》(*Le Banquet*)中找到了这一现象的模型。这是因为，如果转移是一种言语的效果，那么这一概念就不是来源于精神分析，即便精神分析揭露了这一现象。同样，如果某些情感是一种跨历史的结构的效果，那么我们必须在历史中找到它们的痕迹，在其概念化的历史中找到一些线索。然而，我们仍然要去谈论精神分析对情感的论述。这就是拉康所谓的，对无意识对身体的影响的一种"严肃跟进"。那么，这种"严肃跟进"不仅仅是结构性的，也是伦理性的。

在历史上，这种对于伦理性的参考并不新颖，拉康也是继承了前人的传统。但这一次，拉康参考的并不是哲学，而是宗教——基督教和犹太教。他参考了但丁和斯宾诺莎，这两人都具备着伦理上的激情，尤其是一种哀伤的激情，他们都在这种激情中看到了一种罪过、一种原罪。拉康从世俗的角度重新拾起了这条思路，他的思考既是在个体伦理的层面，也是在与辞说相关的伦理层面。

结构并不是决定论的同义词，主体并不是这种结构的木偶，尽管他无法逃脱这种结构。事实上，我坚持认为，情感是一种效果／影响，但是这种效果不是自动化的。不论语言的影响是多么普遍，辞说带来的压力又是多么集体性的，情感本身总是特殊的、因人而异的。"情感本身，至少从情感的整个基本范畴上来看，它总是特定地联系着主体的位置，这种位置就处在……关系的上演中，这种关系即主体与能指的包裹所强加在主体身上的一些线条之间的关系。"①

即便是从创伤中衍生出来的情感也是如此。如我先前所言，弗洛伊德的观点也是如此。不论创伤是否关联着性或文明，它们也总是包含了一个个体因素、一个因主体而异的出路；这种个体化出路却被一种标准化的、可预测的"创伤障碍"这一流行概念所误认了。如我先前所言，根据拉康的说法，情感是对受损的享乐状态的一种回应，但"回应"这个词必须在一个最为极端的意义上来理解：一种毫无疑问的"后效"，也是一种包含了个人因素的后效，这种个人因素也起到了作用。因此，情感就涉及主体的伦理，换言之，这就是拉康在《精神分析的伦理》（*L'éthique de la psychanalyse*）中所定义的一种存在者相对于实在的位置——这个位置并不是如人们所认为的，是相对于大他者的价值——这里说的存在者就是屈从于结构的影响的存在者。这意味着，结构并不等同于律法，而是一个不停地书写的必要条件，而补充的条件则是在主体这边。

此外，"当我们面对实在时，我们是有选择的"，这一观点在弗洛伊德那里也是存在的，因为弗洛伊德创造了"防御型精神神经症"

---

① J. Lacan, «Le désir et son interprétation», inédit, leçon du 14 janvier 1959.

这一术语，我很强调这个术语里面的"防御"一词，而且他强调了癔症对于身体享乐的一种原初的警觉，以及另一方面，强迫症被这种享乐的捕获，这种捕获也同样非常原初。这就带来了一个问题，伦理判断在其最平凡的意义上是否来源于主体最早的一些判断倾向。

第四部分
拉康派的情感系列

所谓的"拉康派的情感系列"既指代拉康派对于情感的概念系统，也指代拉康在《电视》中所构建的一系列与当时的精神分析紧密相关的情感。我在此要讨论的大多数情感已经在文学或哲学中得到广泛的讨论。这些情感也就是哀伤、原罪感、羞耻感。但是，我的目标并不是泛泛而谈，而是仅仅讨论拉康在理解这些情感方面的独特洞见。他的洞见基本上定位了这些情感的起源，将之定位在无意识和语言的效果上，而非简单地作现象上的描述。

正如上文所提，拉康把一些人视为自己的先驱：天主教神学家圣托马斯、古希腊哲人柏拉图、犹太教后人斯宾诺莎、基督教诗人但丁。这份名单的有趣之处在于有些作者被刻意忽视了，而且拉康之后的研究也没有再提及他们：笛卡儿和他的《论激情》（*Traité des passions*）被忽视了，尽管笛卡儿说的"我思"在拉康的理论中占据着重要的地位；拉康对海德格尔有关情绪的援引也很少；而且拉康对那些医生和心理学家，包括让内（Janet）的观点也持轻蔑和嘲讽的态度。

拉康在《电视》中构建的一系列情感是独特而前所未有的。①

在这一系列情感中，也如同在拉康的教学中，首先出现的就是焦虑。拉康自己也认为，他就是从焦虑开始研究的。焦虑很好地展示出，我们不能因为强调结构而忽视了对情感的考量，而且如我先前所说，至少有一种情感是有指示性的，这种情感能作为分析工作中的指南。我们可以说：这是一种指向实在、指向实在的客体的情感，这意味着，它可以算是一种明确阐述的知识。在此，拉康的先驱就是我先前提到的克尔凯郭尔。

这一系列情感中，排在焦虑之后的就是哀伤、躁狂兴奋、欢欣的知识、沉闷、阴郁。在此，我们立马就会发现一些奇特之处。首先，有一种情感是缺失的："抑郁"，这种情感在今天非常流行，它确实存在，但是在此被放弃了，它包含着一种精神病医生所熟悉的迟滞。因此抑郁被转移到了伦理的领域：于是哀伤成了一种在努力"进入无意识"面前的退缩。还有罪疚感，弗洛伊德认为这是律法带来的主要影响，他甚至推测，"负性治疗反应"的核心是一种无法被思考的"无意识"罪疚感，我们的这个系列里也没有，至少不是很明显地包含这种情感，而原罪感取而代之。至于躁狂，我在此不会深入讨论，它与抑郁密不可分，人们总是把抑郁当作其反面，但它

———

① J. Lacan, *Télévision*, *op. cit.*, p.37-41.

也不在我们的系列中。躁狂被定义为一种"兴奋"，因此它并不联系着某种主体的状态，而是涉及身体的享乐，这种享乐的前提条件是对无意识的拒绝，这种拒绝让主体一直走向……精神病。拉康没有明确论证，但是增添了几种"我们的"情感：沉闷和阴郁。为什么这些情感独属于我们？而且，这并不是这个情感系列的终点，因为最后我们还有"幸福"。我们自问，提到"幸福"是不是拉康的一种讽刺？这一点我之后再谈。

哀伤和欢欣的知识（GAY SÇAVOIR）

拉康对于哀伤的论述是众所周知的：哀伤并非一种情绪，而是一种道德的缺陷，它是"一种原罪，也就是一种道德的懦弱，这种懦弱从根本上来看是一切思想的基础，也就是一切人们进入结构的责任的基础"[①]。哀伤是一种原罪，几个世纪以来，那些宗教思想家都是这么认为的，不论人们怎么命名"哀伤"，因为它有多个名字，但这些宗教思想家都认为，哀伤是一种对信仰、对上帝之爱的冒犯。它是一种对于上帝的慈悲的冒犯，比如圣托马斯称之为"绝望"（acédie）。我们要思考的问题是，拉康在他的精神分析中借用了启蒙运动时的一些思想，那么他带来了哪些新的认识，而他论点的前提又是什么（对此，他常常不会明确地给出解释）？

从前的哀伤

令人惊讶的是，如我之前指出的，在论述哀伤这种情感上，拉康没有援引任何科学时代的学者，也很少引用弗洛伊德所诊断的

---

① J. Lacan, *Télévision*, *op. cit.*, p.39.

"对文明不满"时代的那些学者。此外，拉康似乎并不想将哀伤的定义仅限于精神分析的领域，尽管他认为哀伤联系着一种"进入无意识、进入结构"的责任。这种责任属于精神分析辞说，责任如同伦理一样，总是联系着一种辞说秩序。那么，这种责任应该以哀伤作为处罚，而落在这个"不满"时代的每一个主体身上吗？

我们先绕道来讨论一些被援引的作者，或许能给我们启发。

首先，让我感到惊讶的是，拉康在这个问题上，并没有继续参考天主教的神父，甚至也没有参考圣托马斯，而只是在定义具有身体的灵魂的激情时，提到了后者。然而，哀伤作为一种"绝望"是最为严重的原罪，是一种对上帝的诅咒，公元3世纪时行走在沙漠中的第一代圣徒都是因此而死的，这一观点就来自天主教神父的神学思想。① 然而，拉康借用斯宾诺莎的观点，认为这种原罪观念只是一种思想层面的观念，更准确地说，在这种观念中，思想是完全可以消除哀伤的。这种"善思"（bien-penser）正是斯宾诺莎所说的第三类知识，它带来的情感就是欢愉，这种"善思"意味着一整套对与上帝关系的认识，这种上帝并非言辞的上帝，而是等同于宇宙的秩序——我们也可以说，这种秩序可以类比作结构的秩序。

现在谈谈但丁，在《神曲》（*Divine Comédie*）中，他系统性地

——————

① 对于"绝望"（acédie）的问题，我们可以阅读卢克雷斯·卢西亚尼的《保罗、拉康和绝望》（*Paul，Lacan et l'acédie*）。

描绘了令人印象深刻的原罪地狱，在这个地狱中，犯哀伤之罪的人又在什么地方呢？真正要下地狱的哀伤原罪者出现在《神曲》的"炼狱篇"第五歌。在"炼狱外界"中，但丁描绘了一些近似的原罪，但犯这些罪行之人还不足以下地狱，比如贝拉加的懒惰之罪，之后在"炼狱篇"第八歌中，但丁也描述了"无知"之罪。反过来，根据圣托马斯的说法，正在由于犯哀伤或"绝望"之罪而死的人，也就远离了圣善，因此犯下了冒犯上帝的慈悲之罪，他们就会堕入地狱。但丁在第七歌中将这些罪人放在了第五层，在那里他们同那些愤恨者一同，沉入了冥河的黑色泥沼中。他们所处的位置和受到的惩罚需要得到解释。[①]

那些绝望者到底犯了什么罪呢？我们这样说，他们"没有进入"圣爱之中。他们只能结结巴巴地说出那些在他们心头萦绕的淫秽思想，"心情忧郁"阻断了光明的道路，让他们远离了上帝。

无论如何，哀伤中有一种对抗上帝之罪，这种罪要么处在斯宾诺莎所谓的宇宙法则中，要么处在圣托马斯和但丁所谓的言语中。在前者中这种罪的惩罚是无法感受欢愉，在后者中惩罚就是神的责罚。

相较于拉康教学中援引的哲学或文学，对宗教的援引还有另一

---

① M. Bousseyroux, «Le vice du vice», *Lesdits déprimés. Revue des collèges de clinique psychanalytique du Champ lacanien*, n°9, Paris, Hermann, 2010.

重意义。正如我所言，前者是在构建结构，而后者关于神的问题，就是另一回事了。精神分析的运作基于转移，也就是说基于假设知道的主体，这一术语也就是弗洛伊德式无意识的另一个名字，也是上帝……之名，那么精神分析又如何能不牵涉进去呢？"上帝之死"这句有名的说法，并没有敲响帕斯卡尔所谓的哲学上帝的丧钟。后一种上帝并不是带来启示、带来预言、带来语言的上帝，不是亚伯拉罕和雅各的上帝①，而是被假设为全知的上帝，它在整个理论中都是隐藏的。这个上帝是语言结构的无条件之条件，也是科学本身的同伴。笛卡儿认为，它是数学真理的保证；爱因斯坦认为，它很复杂，但是从不欺骗。在康托尔（Cantor）发现超限数之前，它就是超限数之处，当今的某些科学家（物理学家）将它称为"智能设计"。自弗洛伊德以来，这个上帝就是分析者的伙伴，它或许隐藏了一些能指，而分析者借助分析家的帮助，能在自己的话语中解析这些能指。

与知识相关的情感

于是，问题出现了：是否存在一种专属于精神分析领域下的转移中的哀伤呢？换言之，抗拒无意识的"怯懦"与对基督教上帝的"慈悲"的绝望式抗拒，两者之间有何不同呢？不同之处就在于两者

---

① J. Lacan，«La méprise du sujet supposé savoir»，*Scilicet 1*，Paris，Le Seuil，1968，p.39.

中上帝的本质。在精神分析中，与假设知道的主体的关系，并不是一个传递信息之处，反而这种关系支持着解析工作。因此，我们认为，在精神分析中，这并非一种哀伤。哀伤是对知识的抗拒，因此哀伤是一种原罪，反而，精神分析中的情感是一种欢欣，这种欢欣就是去"享受解析"无意识。拉康将之称为一种"美德"。

哀伤和欢欣的知识是一对情感，两者都指示着一种与无意识知识的关系，前者体现出对这种知识的拒绝，后者则体现出对这种知识的补全。然而，我们还必须在这种拒绝的原罪中区分这种"什么都不想知道"的程度。当这种原罪成了一种如同躁狂症中的"除权"（forclusion）式拒绝，那么它就成了一种"致命的原罪"①，这种"致命"并非宗教意义上的，而是因为它威胁到了身体的存活，但其实它本身只是一种单纯、不致命的哀伤小罪。

欢欣的知识也有一段具有启发意义的历史，这段历史可以追溯到属于"欢欣知识的伴侣"的那些游吟诗人，一直延伸到尼采的《快乐的科学》（*Gaya Scienza*）。但是，拉康在此也提出了自己的看法：欢欣的知识是一种美德，它从根本上可以被定义为一种对于解析的爱好，这种爱好在精神分析的技术中是极为根本的。它本身就是一种"不去明白，不去理解，但是尽可能近地贴近理解和意义，

---

① 我要援引我的文章，《致命的躁狂原罪》（La manie péché mortel），*L'inconscient à ciel ouvert de la psychose*，Toulouse，PUM，2002，p.81 et s。

但又不与‘意义’完全贴合，如此来享受解析的乐趣”①。对于这种知识的欢欣，与个人的性格毫无关系；它是一种情感，这种情感联系着某种与"文本知识"的实际关系，即有些人有勇气让自己臣服于这种文本的文字或指号，以便抗拒着不可捉摸的意义，而非满足于它。这种"认识的冲动"是弗洛伊德所青睐的吗？不是，因为拉康也在同一时期，在"德文版《Écrits》的引言"中明确地反对弗洛伊德的这种认识冲动。②拉康认为，对知识的爱就是转移，但是这连最轻微的想去知道的欲望都不是；然而，知识的实践就在于对一系列无意识的语言元素进行解析。

我认为，在我们这个时代，解析已经不太流行了，那么问题是，在如今的精神分析中，人们还多大程度上在实践解析工作。在我们这个时代，解析受到了另一些东西的竞争，比如政治中盛行的"讲故事"（storytelling），还有那些喜欢读故事、写故事的人所热衷的"生活叙事"。因此，人们更倾向于去讲一个有着直接意义的故事，这个故事可以捕获人们的想象。事实上，在精神分析中，主体会检视他的过去和当下的故事，以便给予他所遭受的痛苦以意义。此外，弗洛伊德也毫不犹豫地提到了神经症的"家庭罗曼史"，而拉康给

---

① J. Lacan, *Télévision*, *op. cit.*, p.40.
② J. Lacan, «Introduction à l'édition allemande des *Écrits*», *Scilicet 5*, *op. cit.*, p.16.

了这种"罗曼史"以新的崇高性，他将之提升为"神经症的个人真相"。然而，是把生活变成一段"罗曼史"，还是去解析症状中占决定因素的能指或形象，两者并不是同一回事，两者带来的结果也不同，因此，意义的享乐和解析的享乐也不是同一回事。

倘若在弗洛伊德的精神分析里有一种对于解析的赞歌，而且这也是拉康回到弗洛伊德的第一步，那么这是否意味着，欢欣的知识就是消解哀伤之原罪的出路？实际上并非如此，而是恰恰相反。但是，不去拒绝进入无意识，反而竭力"进入无意识"又意味着什么呢？我们继续深入文本中，拉康说过"要去澄清无意识"。解析就够了吗？我们可以相信解析，但是一定不能高兴得太早。对解析的享乐，在精神分析中作为一种有效的兴趣，这是不够的。它并不能让我们理解主体的分裂；它会呈现这种分裂，而且解析无意识和进入无意识不是同一回事。在这一点上，拉康划分了范畴。当然，没有解析，我们不能"进入无意识"，但是解析并不是进入无意识的唯一条件。"善言"才是原因。拉康在 1973 年用了一个歧义词，说精神分析要"颠倒'行善事，让人言'这一认识，反而'善言'就已经足够"①。因此，言说就足够了，贴近意义并不能让我们进入无意识，但解析意义的效果也不会更好，因为解析总是不完满的，它并

①　J. Lacan，«... ou pire»，*Scilicet 5*，*op. cit.*，p.9.

不能带来结论，而只有回到"意义"上来才能终结这一解析过程。[①]
但是走向善言，并非是自然而然的过程。我要引用一句：欢欣的知
识可以让解析变成一种"堕落，堕落回原罪"[②]。拉康认为，这种原
罪就是"原初的，正如我们所有人都知道的那样"。

　　于是，我们有了第三种原罪，这也是人们所熟知的。这并不是
我之前说的哀伤小罪，也不是致命的躁狂之罪，这两种都是暂时的。
第三种原罪本质上并非伦理性的，也跟"我什么都不想知道"无关，
反而它创造了一种原初的命运。对此，拉康援引了不只一种宗教思
想，用不只一种方式来将他的观点建立在解经的伟大历史传统上，
这种传统认为那些无辜者也有原罪；拉康给了我们他对于《圣经》
神话的一种解读。

　　倘若我们坚持用"原罪"这一术语，那么这就带来了一个问题，
这个问题涉及罪疚感这一情感。这一术语在拉康的文本中并不存在，
这一点让人震惊，但是对于原罪的信念似乎又关联着这种广泛的罪
疚感。拉康在提到原罪后，立马引入了一个概念，这个概念就是
"幸福"，仿佛与原罪对应的情感并不是罪疚感。于是，这个谜题就
是我们接下来要解答的。

---

① J. Lacan，«Introduction à l'édition allemande des *Écrits*»，*Scilicet 5*，*op.
cit.*，p.11.
② J. Lacan，*Télévision*，*op. cit.*，p.40.

罪疚感和"幸福"

拉康对于罪疚感的论述并不好理解，我们很难搞清楚，拉康的论述在哪一点上能区别于弗洛伊德的论述。

拉康很早就反对弗洛伊德的观点，后者认为，作为父亲的继承者，超我的律令就是让享乐牺牲。相反，拉康认为，罪疚感并不是因为我们要去承受弗洛伊德说的"父亲"的法则——禁止。拉康的观点是，罪疚感可以不必从禁止中而来，这一观点看似是矛盾的，因为我们所有人、精神分析家自己，尤其是那些比较有强迫症的人都可以想象，人们越是感到罪疚，他们就越是被铭刻进了法则。但是，事实恰恰相反，这一点在强迫症身上非常清楚，在他们身上，罪疚感总是跟欲望的取消连接在一起。此外，要是怀疑这一点，我们可以拿出从精神病性抑郁症那里得到的一个证据。在这种抑郁症中，除权是一种妄想出现的条件，这种妄想就是感觉自己犯了错，而当"父亲"开始起效时，这种罪疚感却可以平缓下来。这就是一个临床事实。

因此，罪疚感跟禁止没有关系，因而跟僭越也无关。那么它跟什么错有关呢？人们都认为自己在跟大他者、大他者的价值和判断的关系中是有错的，而且我们推测，这些价值和判断导致了罪疚感。事实上，辞说中充满了各种各样的准则和禁忌，它们由教育来传播，由社会判断来推广；因此我们每个人都在与它们的关系中感到有错。

但这只是基于我所谓的"异化"的一种罪疚感。这种罪疚感联系着主体被大他者的话语，也就是大他者的要求所驯化（sujétion）。这种信念启发人们去设想一种乌托邦式的自由教育，直到人们发现，这种乌托邦式的教育并不能减轻罪疚感；这种教育的失败对我们是有启发性的。1968 年，一个很有趣的小故事在到处流传：一个孩子一直接受这种实验性教育，当人们告诉他，他要去一个新学校的时候，他焦虑地问："我们去那里，也被迫去自由吗？"英国人对这种新式教育有着大量的论述，比如说尼尔（Alexander Sutherland Neill）的"夏山"学校。罪恶感相较于大他者的这一面确实存在，但是它还有着另外一面。此外，精神分析可以治愈和减轻基于这种异化的罪疚感，那是因为分析可以"分离"主体，从而减弱大他者对主体的"驯化"。

这带来的一个观点正是弗洛伊德在《文明及其不满》（*Malaise dans la civilisation*）中所呈现的：并不是家庭和社会的压制带来了性压抑和享乐的缺失。拉康在《电视》中打趣说道：倘若家庭的压制并不存在，那么我们应该把它创造出来。创造出来是为了让这些禁令可以将一种原初真相的不可能给神话化。如果说这是一种不可能，那么这就是实在，那么我们应该说，我们都是因为实在而感到罪疚。而且我们还要更细致地说，"实在"这个词的意义是：语言的效果，加上它带来的言在主体的不足够的享乐；符号界中存在着一些无法登记的不可能之享乐，也就是性关联（rapport sexuel）的享乐，还有对应的"一"享乐，这是一种总是部分的、总是被阉割的，我们所谓的石祖性享乐。因此，罪疚感总是代表着有缺憾的享乐。

拉康并没有立马提到模态逻辑的问题，只是后来借用不可能性和必要性，来阐述实在和符号的问题。如果我们根据拉康思想的一系列拐点来追寻他的思路，这可能非常有价值，但是，拉康在罪疚感这个主题上有着一以贯之的论点。在 20 世纪 60 年代，拉康为了定位罪疚感而借用了两个术语："外-存在"（ex-sistence）和"享乐"。这是两种无法被符号归入的实在的侧面。《对丹尼尔·拉加什报告的评论》（*Remarques sur le rapport de Daniel Lagache*）和《主体的颠覆与欲望的辩证》（*Subversion du sujet et dialectique du désir*）①两篇文章都提到了存在之罪（faute）和享乐之罪。那么，"外-存在"之罪如果不是一种既存事实，那又是什么呢？也就是说，一种存在（我的存在）的理由是不存在的，大他者无法回答的？事实上，我投胎来到此世，这是一种可能，那么来到另一个人身上，也是一种可能。那么为何总是存在着一些东西，而不是都是虚无呢？这个哲学问题也就是言在者自己的问题：为什么我要被生下来？这个问题指

---

① 参见 J. Lacan, *Écrits*, *op. cit.*, p.666-667, 819 et s.

向大他者、父母或者神仙，而且这个问题把大他者抬到了一个被假设可以回答的位置上。

正如拉康所说，符号界试图"清除掉"这种原罪。拉康还提到了话语的"谅解"功能，这可以让主体被一种体制性话语接纳进辞说中，这种话语可以欢迎那个"外-存在"于大他者的活生生的存在者，比如说"你是我的孩子"这句话足以平复存在的焦虑。之后，拉康把话语的"谅解"功能换之以命名功能。

这个宗教术语已经代表了某种重新解读，即重新解读了关于原罪的信仰基础，于是这种解读超越了宗教思想的领域。倘若不是活生生的存在者敲开了"辞说世界"的大门，暴露在我提到的"情感的"享乐中，那么完全"外-存在"的事物还能是什么呢？因此，正是在原罪这里，大他者是无力的，它无法回答我作为一个活生生的存在者，来到这个世界是为什么的问题。大概十年之后，拉康在打平的波罗米结中区分了实在和符号两个维度，从而将这种异质性给图示化地呈现出来。这种对活生生的存在者的享乐的"除权"被加倍了，这可以归结于语言的效果，这种效果使得言在只剩下一种部分的、被裁切的享乐——拉康在"再来一次"讨论班中提到的"不应该如此"的享乐。那么这到底是谁的罪呢？在《主体的颠覆与欲望的辩证》中，拉康说道："由于大他者并不存在，因此我把这种罪责安置在'我'身上，也就是说，我只能相信经验带领我们所有人去的地方，弗洛伊德就走在最前面：那就是一种原罪。"①

一个很明显的临床结果是，当人们服从于某种限制时，依然会感到罪疚：首先，这是因为一种失败，这种失败总是代表着享乐的期待的破灭，不论这种享乐是否在性领域。此外更具有启发性的是，这是因为一种不幸，人们会对最为偶然的不幸感到罪疚。而且，精神分析可以加剧这种不幸：倘若你不知道为什么，那么无意识知道，你必然是有所图的，但是在这方面，宗教比精神分析要早得多，宗教会把不幸变成是对你原罪的某种惩罚：倘若你不知道为什么，上帝知道，他能看到你的内心。而在我们这个文化中，难道人们说"不"就是："我对上帝做了什么，才会招致如此后果？"

人们总是会看到原罪和意义之间的关联。在《电视》中，拉康提到了一个等式：落入意义意味着回到原罪。倘若总是飞逝、总是欺骗的意义还不能将我们带入无意识，带入结构中，那么这是为什么呢？此外，对于原罪的信仰就是一种证明，因为这种信仰赋予了言在主体的不幸一种罪孽的意义，这使得人们误认了结构上的必要性。如果一个人认为自己对于外在于大他者的实在负有责任，如同他自己就可以回答实在的问题，并且去……承担这种责

---

① 参见 J. Lacan, *Écrits*, *op. cit.*, p.820。

任，那么他一定会承受罪孽。拉康谈到过一种存在者生来就有的创伤，即不被欲望的创伤，这一主题在精神分析上受到众多讨论，甚至超越了精神分析！拉康似乎是在说，大他者的欲望最初是由实话（parole pleine）所呈现的，这种欲望可以免除大他者的存在这一事实。1979 年，拉康随后补充道，被欲望而出生也是如此。他的补充是为了指明，大他者完全无法免除实在，不论是用他的欲望还是爱都不行。因此，他用了一个术语——"洞伤"。这里，一个问题出现了，在言在主体身上是否存在着一个抑郁式的"存在的痛苦"底色。或许也就是由于这个原因，我们不能自然而然地把抑郁症归为精神疾病。在《电视》中，拉康谈到哀伤时，也很克制如此归类。

"洞伤"这一术语出现在拉康晚期的研究中，但是这个术语代表着一种结构性缺陷，原罪的力比多神话、弗洛伊德的杀死原父的神话都为这个缺陷赋予了意义。而这种原罪就如同言在主体的命运。事实上，我们只能去假设，让言在主体感到沉重的事物一定有一个原因，而对这个原因最为简单的解释就是，这就是一种罪过。那么，从此跨越到去想象一切都有秘密，这中间只有短短的一步之遥。倘若这种秘密不在大他者身上，那么它就在"我"身上。对享乐除权带来的"洞伤"开启了这种虚构的产物。一部分生命实实在在地丧失了，这一神话，在讽刺地创造出"无意识的位置"这一神话中，也成为高等生活的性化产物 ①，对此拉康提出了某种悖论：要创造出一个没有大他者的神话，那么这个神话就不能带来意义。一个实在之洞的神话，并不包含一个根本上的假设知道的主题，因此这个神话既不涉及天父上帝，也不涉及原父。

倘若解析的享乐仅仅代表着回到原罪，那么我们就不可能通过落入意义的欺骗而找到进入无意识的道路，那么我们如何从此走向幸福，并且说"主体是幸福的"？"幸福"（bonheur）是由两个词构成的——"好"（bon）、"时候"（heur），我们可以开个玩笑，把这个词的意义颠覆一下，因为"时候"其实所有人都知道，并不总是很"好"的。就算主体遇到了爱情，那么由于性关系不存在，主体也只是在重复着一次失败的相遇，这次相遇把主体从"唯一的福祉"中驱逐出去了。由于这些相遇，从不满足的主体开始想象这种他从未体验过的"福祉"。然而，为什么我们说这是一种幸福（好时候）而非不幸，而不幸作为单"一"而不断重复？这是因为，"主体是幸福的"与其说指代某种情感，不如说指代着"主体依赖其结构"的某种结果 ②：根据定义，一个分裂的主体只有借由欲望的原因才能去相遇，而最终他会意识到，相遇的那个人，既不是她，也不是他。在"精神分析的四个基本概念"这一讨论班中，拉康已经指出，重复是

---

① J. Lacan, «Position de l'inconscient», *Écrits, op. cit.*, p.845-846.
② J. Lacan, *Télévision, op. cit.*, p.40.

跟大他者的一种缺失的相遇的重复。这种重复"维持着"主体的分裂——也就是主体的幸福时刻——因此这种重复完全就是言在主体孤独的命运，也就是他的不幸。

那么主体的这种"福祉"观念从何而来，因为它不是来源于任何允许主体进入地上天堂的启示？对此，但丁给予了回答，这个回答不是在他的《神曲》中，而是在《新生》和他对贝雅特丽齐（Béatrice）的爱中。拉康说，他"露出了马脚"，体现出了古典诗人所掩藏的东西，也就是说，这种"福祉"观念来源于女人的享乐，他与这种享乐毫无关系，只是从女人那里接收了一个目光、一段眉目闪烁。因此，说到底，主体的幸福就是"性的诅咒"换一种讽刺的说法而已，这种诅咒折磨着言在主体，让他们被驱逐了出去，从大他者那里"被割裂"开来。

情感与我们的"不满"

如我之前所言，情感受历史影响。这一点不难理解：因为情感与享乐状态相关，它们不仅仅受到语言的影响，而且还受到辞说的影响。倘若这些影响与特定社会联结的某种享乐模式相适应，那么这就会带来一些我们认为和谐的情感，也就是在特定时代的主流情感。每个人都很容易认同这些情感。但是我们会看到，并非所有人都是这种情况。因此，拉康对他那个时代的两种典型情感进行了讨论：沉闷和阴郁。正如拉康所言，对于当上帝填补了但丁的贝雅特丽齐时，"我们（对此）的回应就是沉闷"①。

那么，我们是谁？没有任何迹象表明，在但丁的著作那里，"沉闷"一词是在回应贝雅特丽齐所带来的福祉。远非如此。这里说的"我们"，正是在"转移"讨论班上，拉康认为那些与爱有关的"我们现代人"。今天，在很多后现代、超现代主义出现之后，我们再去说"现代人"多少有点不合适了，但可以肯定的是，这个"我们"并不仅仅指代自科学到来之后的主体，也是指代自弗洛伊德出现之

---

① J. Lacan，*Télévision*，*op. cit.*，p.41.

后的主体——也就是那些《文明及其不满》时代的人。这背后潜藏着一个对于如何定义这种不满的论点。

当拉康谈到我们的"享乐模式不再有任何定位，只存在于剩余享乐这一根基上，甚至这种享乐不再有任何其他的言说方式"[1]时，这里说的"我们"也就是今天的我们。在此，享乐模式，与在特定辞说下的言说这种模式的方式之间有着至关重要的区别。拉康的这一说法意味着，一种完全公开的"无性关系"就处在一种辞说中，这种辞说不再可以建构任何新的爱恋形象。唯一剩下的，就是一些特殊的症状，它们可以维持爱的联结。这个时代的"我们"，受到了科学及其资本主义应用的影响，但也遭受了精神分析的影响，因此，"我们"见证了冲动的多型倒错，见证了爱的仿像的陨落。这是一个不再相信性客体可以升华的时代，不论这种升华是神秘结合、宫廷之爱、古典之爱还是浪漫之爱。在这个时代，资本主义辞说不再编织爱的故事，只是编织交易："干柴烈火"（做爱）这一俗语就是这些现象的体现，人们不再去梦想"福祉"。这是这样一个时代：我们知道，爱若不再将两具从未合一的身体汇聚在一起，每个人都自问，爱还剩下了什么。

因此，这种不满现象有两个组成部分。一个部分就是，享乐不

---

[1] J. Lacan, *Télévision*, *op. cit.*, p.54.

再用于创造关系。这是一种实在的条件，它并不是由时代辞说导致的，精神分析所揭示的也就是这一条件。而另一个部分就是现代科学的辞说，这一辞说不再通过创造伴侣的仿像来补偿两性结构的缺陷。我们不要忽视这样一个事实：正如我所说的，在拉康构建的四大辞说中，每一种辞说都构成了一个对子——主人-奴隶、教师-学生、癔症-主人、分析家-分析者，我们可以确证，在历史上，男人-女人这一对子在很大程度上，曾经而且一直就是根据上述对子而被概念化和理解的。

资本主义辞说并不能创造对子。拉康曾试图以一种非常有说服力的方式证明，马克思所热衷谈论的资本家和无产者这一对子，并不是现代版的主人-奴隶①。资本主义辞说创造的唯一联结，就是所有的主体及其中的每一个人与用以享乐的产品之间的联结，这种联结并不那么具有社会性。此外，在英语中，人们常用"affair"②来代表婚外情，这种表述是症状性的。这种表述中没有爱，它只有所谓的"交易"，即生产-消费。因此，它并没有补偿实在的"无性关系"，反而让这种"无性关系"前所未有地暴露了出来。但这并不意味着，这种辞说揭示了这一切，反而它剥夺了主体在其他时代所具

---

① 参见 J. Lacan，《Radiophonie》，*Scilicet 2-3*，Paris，Le Seuil，1970，réponse à la question V。

② 译者注：在法语中，affair 一词有交易的意思。

有的符号资源，这些资源可以让主体变得克制，于是让主体前所未有地面对着一种孤独，面对着"无性关系"的脆弱。

那么，我们的那种沉闷情感有什么特殊之处？《电视》参考两种享乐来理解这一情感：一种是我们的享乐，这是我刚刚提到的；另一种则是但丁的贝雅特丽齐，她向但丁保证"上帝会满足她"。贝雅特丽齐并不是像我们一样，从客体a的角度来谈论她的享乐；她是从神秘结合，从与"大他者合一"的角度来谈论她的享乐。因此，她是从崇高合一（sublimation unienne）——"合一"（unien）也就是"沉闷"（ennui）的易位构词——的角度来谈论的，这也就是剧作家阿里斯托芬（Aristophane）所说的"双背兽"①的合一。拉康说："这就是大他者出现的地方，我们不得不将认同她的享乐。"换言之：上帝降临尘世。对此，拉康借用了他在"再来一次"讨论班中的宣言：女人的享乐就是上帝的面庞。而我要补充一句：这是不可预测的上帝的一副高度世俗化的面庞，也就是符号之洞。把女人的享乐放在圣托马斯所说的圣善之处，这代表着辞说中的一处神圣转折。

我们的沉闷情感正是对此的回应。而但丁对此的情感却是一种欣喜若狂。这种如今让我们这些"不满"的主体一目了然的"无性关系"，难道不是让我们更加觉得，那种神秘结合是多么不可思议？

————————

① 译者注："双背兽"的法语原文是"bête à deux dos"，意为男女以传教士姿势做爱。

或者说，一旦"被划杠的女人"（La femme barrée）带给了我们"福祉"的启示，那么这种神秘结合难道不是正强化了我们的一种被驱逐感？拉康在这个时代之前就已经谈到了这种沉闷，他认为这是欲望的一种形式：一种以客体 a 为原因，但目标完全不明的欲望。从根本上来看，沉闷就是一种对于"其他东西"的欲望，这种欲望指向着"他者"享乐。这也是一种超越了时代的情感，因为它联结着某种无法被填补的缺失，这种缺失拒斥一切由现实提供的满足物；因此，它有害于一切由力比多联结所带来的事物。于是，倘若大他者的确存在，那么让我们与大他者分离的那种享乐模式，其脆弱性就会变得越来越明显，并且让我们在享乐面前的筹码越来越少。

基督教对此的回应是众所周知的：基督教只承认某种以牺牲为名的剥夺——尤其是生命的神圣（堕胎受到禁止），对性欲的克制（贞洁），对来世极乐这一福祉的最高承诺。换言之，宗教启示和弗洛伊德式启示之间的巨大斗争远未结束。这种斗争不是在支持或反对的层面上进行，而是在享乐和情感的层面上进行，也就是我们当下辞说所规定的那些享乐和情感。对此，拉康并不乐观，他认为，由于我们所具有的这种享乐模式，上帝可以很轻易地"重获力量"[1]。

---

[1] J. Lacan, *Télévision*, *op. cit.*, p.54.

这使我想起了"无性关系"带来的第二种情感——阴郁。这种情感也是一种当今的现象吗？我们可以说，这是我们当今的一种阴郁吗？阴郁也就是欢欣、欣喜的反义词。拉康在 1968 年学生运动时期，从学生身上看到了这一情感："倘若我说沉闷，即阴郁都是相对于'神圣'之爱的，那么我们怎能忽视一个事实，即这两种情感很明显地——透过言行——体现在这些年轻人身上，他们致力于一些不受压制的关系……"①这种集体特征将阴郁化为了一种情感，这种情感消极地消除了禁令的积极功能。没有禁令，那么这样一些东西会被更为尖锐地揭露出来：当联合体出现时，我们遇到的仅仅是一种简单的"交重"（coïtération）（拉康将"交配"〔coït〕和"重申"〔réitération〕两个词结合在一起），而且男人和女人之间的这堵墙其实和压制并无关系。阴郁就是一种"来到身体的情感，这种身体的特征在于居住在语言之中"，但这一情感在身体中找不到与其匹配的位置。因此，这种情感代表着对联合的不可能性的觉知，也就是对实在的觉知。拉康在此给我们留下了一个问题："这是一种原罪，一颗疯狂的种子，还是对实在的触碰？"

为什么拉康没有告诉我们，究竟是三者中的哪一者呢？

倘若阴郁是来源于一种对于"不融合的性欲"的"不想知道"，

---

① J. Lacan, *Télévision*, *op. cit.*, p.51.

不想去理解这些"无关系"的（性）行为，那么这就是一种"懒惰"的原罪。在这种情况下，一种糟糕的心态就会带来一种失败，但是这种失败是双重的，它具有一种我们想要去忽视的必要性。因此，阴郁是一种忽视了其原因的哀伤。让自己承担罪孽，到变得阴郁，这中间可能只有一步之遥。

但是，倘若阴郁回应了疯狂的渴望——我们所谓的"疯狂的爱"，倘若它是一种对于融合、对于一种难以置信（Unglauben）之事的疯狂期待，而这种事物会"除权"结构中的实在，那么这种阴郁就是一颗疯狂的种子。

除非它反映出了主体身上的一种言在享乐的状态（或模式），同时还伴随着一种无意识所创造的孤独命运，那么这种阴郁就是一种"对实在的触碰"。这三种情况都不是互斥的，这就是为何拉康并没有选择其一。

三者并不互斥，这是因为情感具有两个因素：一个因素是实在的，即"无性关系"，这是一种对性的诅咒；另一个因素是伦理的，这一因素根据主体的不同而不同，它代表着一种对知识的拒绝，即"我很清楚，但是我仍然""我知道得很清楚，但我不想知道任何关于结构上的不一致"，这就导致了哀伤和道德上的"懒惰"。"我无法相信"，这就代表着对于疯狂之爱的狂热和谵妄。若非如此，我会接受一个事实，即实在就是不一致的，这也是不可避免的，这种必然性不停地被书写出来，因此这就是一种对实在的触摸。此外，这并不意味着，我就此满足。正如拉康所说："我们会习惯于实在。"我想补充一句：我们习惯了是最好的，因为我们可能还想继续反对、生气地跺脚，可以肯定的是，某些主体必定如此。因此，糟糕的心态有点介于两者之间：它是对一种实在的情感反映，这种实在让主体不适，主体并不能对此习惯。① 但另一些人可能倾向于平静地退场，甚至是激情地退场，对此我会在后文有所讨论。

只要我们将拉康论述的一系列情感，与上述比如说圣托马斯或天主教神父提到的情感精选对比，前者的重要性就会显现。此外，有一个事实是：上述提到的灵魂的激情的诸多情感在历史上不断演变。而至于拉康说的情感，我们可以看到是什么将这一系列组织起来的：这种组织原则不再去涵盖所有的情感，甚至不涵盖拉康所提到过的所有情感，而是仅仅涉及一部分情感，这些情感都是对无意识之实在的回应。换言之，这些情感都是对于两性之间"关系的不可能"的回应，对这种"不可能"带来的效果，也就是只有精神分析揭露出来的效果的回应。从这一点看，并非所有的情感都是价值相等的。我上述讨论的一系列情感中，前两者（哀伤和欢欣的知识）联系着知识，后两者（沉闷和阴郁）联系着性。这一系列情感就

———————

① 参见后文对愤怒的讨论。

是如此来组织的。一方面，它们代表着一个人相对于知识的伦理位置——这就是哀伤和欢欣的知识之间的差别。另一方面，"我们的"沉闷和阴郁，代表着一种辞说的历史化功能，也就是说，当一种可以维持"爱若"的修复性仿像不再存在时，无意识对身体的影响所对应的就是这两者，这两者就呈现为典型。拉康最初的论点是：情感是语言结构的一种效果，这一论点并没有被拉康放弃，反而他用辞说的效果完善了这一论点，而且这一论点还受到我们所谓的伦理学的深刻影响。在这个层面，情感不仅仅是一种效果，而且也是一种信号，一个个人位置的显现，一种存在者的晦暗选择，但它本身却不是一个结构的元素。也就是说，情感并不是在实在方面的欺骗或误导，情感其实也具有一种意义，它指示出语言中那些非语言的东西，也就是实在和主体的伦理位置。正是通过这一颠倒，拉康从"再来一次"讨论班开始认为，并不是所有的情感都涉及这一颠倒。

其他情感

存在的激情

众所周知，拉康自《电视》以来，就没有再提到过爱、恨、无知这一情感系列——"存在的激情"——而他曾经常常将这一系列情感视为主体的特征，而主体则受苦于存在的缺失。他再没有重提过这些情感，但是从"再来一次"讨论班开始，我们可以从一些不系统的、分散的评论中看到，他是如何调整自己的说法的。

在"弗洛伊德的技术论文"这一讨论班1954年6月30日的一讲中，拉康提出了这样一个论点："这三种基本的激情只能定位在存在的维度上，而非在实在的维度上。"这三种激情也就是对语言最初效果的回应，这种最初的效果就是存在的缺失，因此这三者既不涉及无意识知识，也不涉及实在："所以可以说：在符号和想象的交界处，这里的激情或者是裂口，或者是转折线，就是所谓的爱；而在想象和实在的交界处，那里是所谓的恨；在实在和符号的交界处，那里是所谓的无知。"①

---

① J. Lacan，*Le Séminaire*，livre I，*Les écrits techniques de Freud*，Paris，Le Seuil，1975，p.297-298.

　　无疑，存在者与世界的关联在爱中体现得最明显。但是，爱并不能和欲望混淆，即便两者可能扭结在一起。因为"我们要把爱和欲望区分出来——欲望是人类之间、人类与客体、每一个有机体与其本能目标之间的一种极端、极限的关系。倘若说爱并非如此，那是由于人类的现实是一种话语的现实，因此我们不能认为爱可以脱离符号关系本身而存在，只有当人们的目标不再是满足，而是存在时，爱才出现"①。然而直到"再来一次"讨论班，拉康才做了修正，正如他所言，他正是在激情的时刻才谈到了这种存在的激情。他指出，这种激情中存在着谎言、错觉、无能。爱应该是一种礼物——事实上，去爱就是去给出"你所没有的东西"，给出你的"存在的缺失"。爱是一种对于存在的要求，爱寻求着补偿，在他者的缺失中补偿，以期望着可以和他者合二为一。那么这就是一种错觉，这种错觉让我们并不想认识语言为我们创造了何种命运。此外，拉康在 1975 年的 "R.S.I." 讨论班中认为，爱作为一种戏剧性错觉，也就是一种精神病的戏剧。因为，爱会假定，某个客体恰好就是可以回应存在的唯一对象，就如同守财奴守着财宝一样，这难道不是一种妄想？"再来一次"这一讨论班对此有所补充："谈论爱，本身就是一种享乐。"但是，爱的那些话语绝不是真相的话语：我们可以相

---

① J. Lacan, *Le Séminaire*, livre I, *Les écrits techniques de Freud*, Paris, Le Seuil, 1975, p.304.

信，人们谈论其伴侣的那些话语，仅仅只是在满足主体和其自身的享乐之间的关系……也就是一些废话。那么结论就是，"爱是不可能的"①。因此，这一系列情感就是：爱是自恋的、欺骗的、错觉的、戏剧性的、不可能的。

在这个意义上，真正的恨也不仅仅是"恨爱"（hainamoration）中爱的另一面，恨指向着他者的存在，恨在毁灭性中体现得更清楚。但是，拉康把无知放在这三种激情中最高的位置上：无知"是一种激情，在我看来，它既不是一种减法，也不是一种缺陷。它是另外一种东西，无知联系着知识"②。尤其是，当无知是一种"博学的无知"时，这种处在知识顶峰的无知就屈从于存在所逃避之物，正如巴尔塔萨·格拉西亚（Baltasar Graciân）所做的一样。当拉康构建基于缺失的临床诊断时，他也认为无知是分析家唯一应该有的激情，然而，他并没忘记那种"愚笨的无知"，他之后在"再来一次"讨论班中又重提了这种无知，这种无知就是"不想知道任何"有关大他者的存在。

我们可以根据作为一种消极功能的无意识语言，来理解和组织这三种存在的激情。我们可能认为，当拉康阐述实在的无意识这一概念——无意识的实在和实在的无意识——他可以从另外的角度来看待这三种激情，而"实在的无意识"这一概念并不与上述消极功

---

① J. Lacan, *Le Séminaire*, livre XX, *Encore*, *op. cit.*, p.81.
② J. Lacan, «Le savoir du psychanalyste», inédit, leçon du 4 novembre 1971.

能相悖，而是补充以啦啦语和享乐的影响。然而，不论享乐带来了什么样的影响，享乐都是一种我所谓的积极的、实质性的构件，甚至我可以说，享乐无处不在——不仅仅在身体中，也在话语中和言说的内容中。于是，我们可以饶有兴趣地追寻拉康在"再来一次"讨论班和《电视》中对于这三种激情的论述。

从根本上来看，拉康把这三者拆解了开来。他很少再提到无知，但他坚持了之前对于恨的定义，并且修改了爱的内涵。我们现在来详细讨论一下这三种激情。

我们发现，拉康不再讨论前文所述的那种无知，这是因为他在无知的两方面都有新的阐述。首先，拉康谈到了"无知的粗鄙"方面，这是一种"什么都不想知道"的无知，正是这种无知让人感到哀伤。因此，拉康反对弗洛伊德提到认识冲动：任何求知的欲望都不存在。其次，谈到了无知的另一面——"博学的无知"，这种无知者有着巨量的知识，但是他们所有的知识又围绕着一个无法知道的事物，即一个知识之洞，这种无知可能在某种意义上是知识的巅峰，这种无知甚至高于解析的知识，因为后者会落入意义的范畴；这是一种久远以来就存在的"善言"的前兆。

恨是指向他者的存在，这一定义似乎没变，但是在拉康的教学中，"存在"一词的定义有所变动，因此恨的定义也随之改变。而存在的定义从"作为一种缺失的存在"——主体的存在即他的欲望——变成了"作为症状性享乐的存在",最后又变成了所谓的"圣状"。最后拉康在"再来一次"讨论班中如此总结:"(恨)就是最接近于一种存在,我称之为'外-在'(ex-sister)。没有什么比言说的行动更围绕着恨了,而'外-在'正是出现在这种言说中。"①

1977 年 5 月,在一个名为"无意识的失败即是爱"(L'insu que sait de l'une-bévue,s'aile à mourre)的讨论班中,拉康改变了说法:"有一个'一',正如我之前所不断指出的,只有一个'一'而别无他物。有一个'一',但是这意味着,还仍然有感觉。这种感觉,根据'独一性'(unarités),正是因为这种独一性,我才必须澄清,这种感觉,我称之为'恨'。"拉康正是以这样的方式提出了基于恨的某种"关系"。"有一个'一'"这句话并不简单,这句话既指代着那些固定享乐的东西,既症状的"字",也指代着"一言",它涉及独一无二的感觉。恨指向着他人那复杂的"独一性",但是正是因此,除了这些"独一性"之外,并不存在其他任何东西;但是这些独一性之间依然存在着一种情感关系,这种关系在某种程度上代表了他者的存在。当一个人开始恨的时候,这种关系就基于一种诅咒;而当一个人开始爱的时候,根据拉康在"再来一次"讨论班中对爱的重现定义,那么爱就基于一种"再认"。

---

① J. Lacan, *Le Séminaire*, livre XX, *Encore*, *op. cit.*, p.110.

愤 怒

在《电视》中，拉康留下了两种基本的情感没有谈，但他在其他地方对此有充分的讨论：愤怒和羞耻。

然而，愤怒并非与实在无关。当现实中的某些东西阻碍了主体的欲望计划时，愤怒这种情感就会出现，而欲望是一种符号组织。

> 我很难不认为，像愤怒这样的基本情感不是如此：当我们在符号轨道上运作良好的那一刻，当一切（社会）秩序、律法、我们个人的美德、个人的良愿都安好的时候，现实突然降临。①

> 愤怒是一种激情，但是它可以纯粹、直白地体现为一种有机体的或生理性的相关状态，也就是一种高度张力，甚至高度亢奋的感觉。愤怒会促使一种主体性反应；它总是涉及一种基本的失望和挫败，即符号秩序与实在的回应之间应有的那种关联上的挫败。换言之，愤怒根本上联系着一个我从夏尔·佩居伊（Péguy）那里借用的说法，即此人打趣地说过：（愤怒）就是榫不对卯的时候。②

然而，这种高度张力是什么呢？即我们气得跺脚、乱摔东西，

---

① J. Lacan，«Le désir et son interprétation», inédit, 14 janvier 1959.
② J. Lacan, *Le Séminaire*, livre VII, *L'éthique de la psychanalyse*, Paris, Le Seuil, 1986, p.123.

打破盘子或是别人的头，我们怒吼，等等。有趣的是，愤怒总是伴随着破坏，愤怒会破坏那些口头上的彼此赞同的协定，因为这些协定此时已经无法再满足我们。

于是一个问题出现了：愤怒中的这种咒骂是指向大他者，还是指向现实中的某些东西，这些东西使得事物的发展不顺利？那个孩子（即弗洛伊德报告的之后的鼠人）的愤怒当然似乎是指向大他者的，当时他吼道："你这个台灯，你这个毛巾，你这个碟子！"——当时他并不知道其他骂人的词汇，仿佛无意识已经告诫了这个孩子，任何能指都可以咒骂主体，只要把主体降格为一些家具器物，这就是有用的。所有咒骂上帝的例子也是同理，仿佛咒骂就是（对话）中"最重要的一句话，这句话触碰了现实，于是失去了全部的意义"①。因此，我们可以去咒骂那个无可奈何的大他者，去咒骂那些代表大他者的小他者（他人），因为我们没法撼动现实本身。

羞 耻

羞耻是一种比愤怒更为复杂、更为微妙的情感。它与无意识的关系更为紧密，也更难以描绘。任何情感都是结构及其限度所带来的效果，也就是结构对实在产生影响带来的效果。由于带来情感的

———————

① J. Lacan，«L'étourdit»，*Scilicet 4*，*op. cit*.，p.44.

结构有着不同方面，情感也因此而不同：存在的激情对应着由语言带来的"存在的缺失"；我们当下辞说中沉闷和阴郁的主导地位，对应着享乐的缺失，对应着那些我们有或者没有的享乐；哀伤和欢欣的知识则对应着知识内在的限制；愤怒则代表着实在和符号的不一致之处。那么羞耻，它对应着什么呢？

拉康常常谈到羞耻，但是他对这种情感最为根本、最为新颖的讨论，出现在"精神分析的反面"（L'envers de la psychanalyse）这期讨论班的末尾，当时他在有选择性地刻意把那些话说给 1968 年学生运动中的那些学生听，而我们可能会想知道，拉康为何要这么做。这么做有很多原因。而这一讨论班则提出了一个问题，即调控着社会联结的东西到底是什么：主人辞说中的 S1（主人能指）、大学辞说中的 S2（知识）。然而，羞耻以及相伴而来的情感都主要是一些社会情感。在 1954 年，拉康提到了"羞耻、羞愧、名声的现象学，这种特定的恐惧是由他人的目光带来的"[1]。

被看的存在

并不是所有的情感都涉及"被看"，比如，哀伤或存在的痛苦，甚至焦虑都不涉及这一维度。而羞耻则代表着，主体的存在在他者

---

[1]　J. Lacan, *Le Séminaire*, livre I, *Les écrits techniques de Freud*, *op. cit.*, p.240.

的目光下，突然被揭露了出来。在这个意义上，羞耻的时间性完全不同于焦虑，后者总是联系着某种未知事物即将来临时的紧迫性。而羞耻，并不是紧迫的，相反，它是一种惊讶、没有预料，代表着一种突然性。那么这种突然性揭露出了什么问题呢？主体的一个隐私的、秘密的特征，这一特征常常联系着主体的欲望，联系着主体所隐藏起来的享乐，也联系着主体的身体形式。于是，我们可以明白，精神分析家对羞耻感感兴趣，因为分析家就是借此来揭露无意识所隐藏的那些内容。

　　而在拉康之前，还有很多哲人评论过这种情感：笛卡儿、斯宾诺莎、康德、海德格尔；但拉康却讨论了萨特（Sartre）所提出的一个例子：偷窥者突然被某个人抓到了，于是立马感到自己在羞愧难当的处境中，被缩减为这个隐藏的目光，也就是他所是的这个目光。"事实就是，这个客体具有一种特定的功能，即指代着一个点，在此主体无法命名自己，在此羞愧就是一种最佳的形式，它可以转变成症状当中的羞耻和恶心感。"[1]除了这个偷窥者的例子之外，当然还有很多其他关于羞耻的例子，比如在柏拉图的《会饮篇》中阿尔西比亚德的羞耻，拉康在"转移"（Le transfert）讨论班的一讲中（1961 年 3 月 1 日）对此有所评论。"（阿尔西比亚德）用羞耻遮盖

---

① 　J. Lacan，«Le désir et son interprétation»，inédit，leçon du 3 juin 1959.

了自己，把他的忏悔变成了某种情感强烈的东西，因为'羞耻'之魔在此介入，这就是被遮蔽的东西。这就是在所有人面前被遮蔽的那个最为惊人的秘密，也就是欲望的最终源泉……"①"在人类欲望的这种开口中，一切微妙……都从羞耻变成了一种名声感，从一种滑稽感变成了一种英雄主义，所有的这些微妙都显现了出来，这使得人类的欲望整个被暴露出来，在欲望这一词最深的意义上，暴露为一种他者的欲望。"②

羞耻，根本上是一种对"外密"的遮掩，遮掩了某种在我之外，但又构成了我的东西，也就是我们所谓的欲望、物、客体、症状，也就是另一种情感，即羞愧感所保护、所遮掩的东西。此外，遮掩的消除常常会带来一种替代性的羞耻感，仿佛人们通过认同那个被揭露出来的他者，从而因这个他者而感到羞耻难当。"由于我说过，性关系并不存在，因此唯一的美德就是羞愧。"③拉康如此说道。这是一种带着极为模糊的性功能的美德，这种模糊就在于，遮蔽的情欲功能既可以隐藏，又可以揭露，甚至可以揭露出它隐藏的东西，这就是巴尔贝·多尔维利（Barbey d'Aurevilly）的《魔怪集》

---

① J. Lacan, *Le Séminaire*, livre VIII, *Le transfert*, Paris, Le Seuil, 1991, p.209.

② J. Lacan, *Le Séminaire*, livre I, *Les écrits techniques de Freud*, *op. cit.*, p.246.

③ J. Lacan, «Les non-dupes errent», inédit, leçon du 12 mars 1974.

（*Les Diaboliques*）中那个毫无廉耻的女人"布迪卡"（Pudica）所展现的东西。

我们可以理解，为何拉康称这些心念为"羞体论"（hontologie）。"正如人们所说的，羞耻可以产生一种'羞耻本体论'。"[1]这个能指其实是不太恰当的，因此我们甚至可以说，这是拉康的一种"反本体论"。正如他说："本体论，换言之就是将主体当作存在来考量，本体论是一种羞耻，如果你们愿意这么说的话。"[2]主体就是一种存在的缺失，在这个能指中，主体的存在总是在别处、被转移走了，但是留下的就是羞耻感，一种"外密"的存在，一种难以承认的、被误认的存在，对此主体无法摆脱，他只能身陷其中，这种存在本身就是不可言说的；它不仅仅是像胶水一样黏在主体身上……它直接让主体沉入其中，用能指替换了主体。这就是羞耻感中最为普遍的一个特点。

活着的羞耻

在"精神分析的反面"这一讨论班末尾，也就是 1970 年 6 月 17 日的那一讲中，拉康并没有谈到"我们的羞耻"，也没有向听讲

---

① J. Lacan, *Le Séminaire*, livre XVII, *L'envers de la psychanalyse*, Paris, Le Seuil, 1991, p.209.

② J. Lacan, «Ou pire», inédit, leçon du 8 mars 1972.

的学生谈到"你们的羞耻",而是论述新的发展,涉及对某种辞说的诊断,即他所谓的反面的辞说。这一讲的内容很难说清楚。拉康把羞耻一方面联系到了主人能指上,一方面也联系到了死亡上。

那么这一讲的论点是什么呢?

我凝练地来说:是在羞耻的黏连中出现的一种变化。我在此要重提拉康用于描述焦虑的一个说法。拉康说,焦虑是从大他者,即一种一致的辞说那里传递过来,传递到了小他者上,不论这个小他者是客体还是实在,都是异于大他者的。于是,拉康提出了一种特殊的羞耻,这种羞耻代表着当时的大学辞说的状态,拉康称之为"存在的羞耻",这种羞耻也代表着"主人能指的降格",这种主人能指超越了一切价值和责任,也就是说,它超越了某种社会秩序的准则。

拉康在此引入了"荣誉之死"的问题,与这个说法相对的就是"羞耻而死"。后者代表着这样一些时刻:比起去呈现那种难以接受的存在而言,还不如去死。拉康说这些的时候,也存在着一个历史因素。曾经有一个时代,当那些代表着我们的主人能指所定下来的责任,不能由我们以某种方式承担的时候,那么我们应该以死谢罪;在那个美好的时代,荣誉受到侵犯是需要以死相搏的,但我们已经不再处在那样的时代了。在那个时代,人们认为,让主人能指蒙羞是需要以死谢罪的,而且人们确实也会如此,而非苟且地忍受着"羞耻而死"的感觉。"羞耻而死是唯一一种联系着值得去死的死亡的情感。"① 人们宁愿以死亡来抵消这种羞耻，从而依然臣服于主人能指，不论这种主人能指是什么样的，人们从主人能指所指挥的能指链上抽离出自身的存在，因此而把自身安置在语言所存留的"向死而生"上。在《言语和语言的功能及领域》一文开篇，拉康就已经提到了各种人物形象，这些人都将死亡视为一种个人自由的呈现，这些人"自愿牺牲自己的生命，是为了给予人类生命的价值准绳"②。但是，我们必须承认，时代已经变了，"羞耻而死已经不再寻常了。然而，这种羞耻感是一个唯一的信号……我们可以确认这个信号的发生谱系，它就是来源于一个能指"③。

听拉康讲座的这些学生的羞耻感，并不再来源于主人能指，不再与主人能指的命令有关了吗？在我看来，这就是那一讲想说的事情。这种羞耻感转换成了一种拉康所谓的"强烈活着的羞耻"④。这种活着的羞耻不论是怎么来临的，它都绝对不值得以死谢罪，因为它并不是来源于一个主人能指 S1 的谱系，在这种羞耻感中，生命因此成了一种徒劳。就像人们说的，"这都不值得去死"。这种新型羞耻感联系着一种主人能指的降格，因此它联系着我们这个时代的另

---

①③　J. Lacan，*Le Séminaire*，livre XVII，*L'envers de la psychanalyse*，*op. cit.*，
　　　p.209.

②　J. Lacan，«Fonction et champ de la parole et du langage»，*Écrits*，*op. cit.*，
　　　p.320.

④　J. Lacan，*Le Séminaire*，livre XVII，*L'envers de la psychanalyse*，*op. cit.*，
　　　p.211.

一个现象：无耻感。这一点我之后再来谈。拉康说，经过分析，如果你们"还有一点严肃，那么你们会看到，这种羞耻（活着的羞耻）体现为这样一个事实：你们已经不会因为羞耻而去死了"，那么这就是对羞耻的一种描述吗？

为什么听拉康讲座的那些学生应该感到羞愧呢？这个问题的答案代表了一种非常准确的政治立场，这一立场联系着拉康在当年构建的两种辞说的结构——主人辞说和大学辞说。主人辞说将主人能指放在代理（agent）的位置，这个位置组织起了整个辞说，而大学辞说则把知识放在代理的位置。因此，对于那些"全力以赴维持着翻转的主人辞说，即大学辞说的人而言"①，他们有理由感到羞耻而去死。拉康把这些学生叫作"不学者"（astudé），这些人沦为一些受训获得奖赏的客体，这些奖赏就是一些取得"硕士学位"的"学分绩点"，这些学生也会写论文，于是与大学辞说协作。拉康说道："不因此而羞愧去死，对于这种不羞愧的羞愧可能是另一种态度，一种与实在有关的态度。"

$$\frac{S1}{\$} \xrightarrow{\text{不可能性}} S2 \qquad \frac{S2}{S1} \longrightarrow \$$$

主人辞说　　　　　　　　　　　大学辞说

---

① 　J. Lacan, *Le Séminaire*, livre XVII, *L'envers de la psychanalyse*, *op. cit.*, p.212.

因此，主人辞说的特征——将 S1 与 S2/ 知识进行分离，即其结构上的不可能性——是一种实在，这种实在被掩盖了，于是主人能指改变了其位置和功能。

我们在学生功课的最高级的一种形式——论文中看到了这一点。一篇论文的主要特点之一就是，它带有作者自己的姓名。这一点揭示了，大学辞说的前提是，知识是有作者的。在变成了论文或者结论的那些知识中，作者的名字占据了主人能指的位置，主人能指的这种降格带来了羞耻感，而羞耻感与无耻感相伴而行。拉康并没有创造出这种无耻感：世界各地的人们都在谴责我们这个时代的犬儒主义和厚颜无耻，但实际上，这种无耻感与其说是一种主观的倾向，不如说是辞说的改变和主人辞说破产的结果。什么是无耻感？每一句"直截了当"的陈述都是无耻的。所有那些陈述既不是由一个主人能指（并非无耻的主人）带来的，也不是由一个确证的知识带来的，提出这些陈述的人都是无耻的。这类人的范围，即涵盖的范围，从所有类型的大师，到各种专家。这种无耻受到了限制吗？转移的前提不是一个主人能指，而是知识以及被假设拥有这种知识的主体，这种转移可能就是这样一个限制；于是这就带来了一个问题，即那些对此已经不抱有信仰的主体，即分析家是不是也可能是无耻的。

我们不应该认为，拉康对此的论点是持反对意见。拉康构建了1968 年法国反威权革命时代的辞说结构，他这样做并不是去拯救这个主人，无论这个主人是谁。此外，1968 年的反威权革命——革命并不是颠覆——宣称着"打倒主人"，但这场革命却忽视了另一个权威，那就是知识本身。因为一个人可以要求主人去证明自己，但人们不能以同样的方式去质疑知识本身；知识不需要为自己辩护，它可以自己论证自己，仿佛它就是现实中的一部分——尤其是当它成了一种科学，所谓的硬科学的真理时。此外，在我们这个时代，伪科学意识形态加重了这种知识的专制，这种意识形态通过诉诸科学来确立其在产品和实践的竞争中的权威，从而使自己合法化。因此，专家统治地位史无前例地崛起了，他们成了被假设知道的一些新形象，从社会经济管理到治疗实践的各个领域，这些专家都利用了所谓有效的科学性。

拉康并不是想通过强调主人能指的作用来恢复主人的权力。恰恰相反，他强调了这样一个事实，即主人力量的来源从来就不是单纯的暴力，而是来自文字，因为辞说是由一个主人能指组织起来的，这个能指不能与主人的化身相混淆：后者不是主人，而是由主人能指维持的。如今的一个真相就是：那些不再掌握权力的主人——我们这个时代的政客——当他们不再知道该走哪条路时，他们就会呼吁法律文本的权威，仿佛这些法律文本是一些伪主人文本，于是他们就可以全力拥护这些文本了。事实上，在对主人能指进行降格方面，资本主义辞说的作用是无与伦比的：资本主义辞说被赋予了一种毁灭性的力量，其他任何一种反抗主人能指的方式都不可与之匹敌。倘若说，人们在1970年还没有意识到这一点，那么如今，在不断发展的资本主义危机中，这一点似乎如此显而易见了。没有了主人，这些危机只会让那些想成为主人的人感到极为不悦。因此，伪合法性专家激增，他们那刺耳的声音只会进一步加剧这种衰落和降格。

拉康在20世纪70年代的背景下，提出对于大学辞说的观点，显然具有远远超出那个年代的重要意义。我们必须要提出一个问题，是否每一次辞说位置的改变，都会带来主人能指的进一步降格，尤其是在精神分析领域中的降格。无论如何，拉康的观点适用于更广泛的资本主义辞说背景。拉康在这个方向上给出了一个指示，他说，学生认为自己不是无产阶级的兄弟，而是底层阶级的兄弟是没有错的，因为无产阶级就像罗马的平民一样——他们是非常杰出的人，与主人处于同一边——而底层阶级则包括其他所有人。我在前文中谈到了广义的无产阶级的痛苦；同样，我可以说，所有脱离主要社会纽带的人都能活着，但这种活着是一种羞耻，当然那些设法逃离集中营的人，那些在第二次世界大战中整个世界崩溃的幸存者也是如此。许多人都证明了这一点——罗伯特·安特尔梅（Robert Antelme）、普里莫·列维（Primo Levi）、凯尔泰斯·伊姆莱（Kertész Imre）等人也是如此。拉康增加了一章来谈论资本主义辞说，即资本主义辞说的产物就是：主人能指降格之后，活着变成了一种羞耻。

然而，拉康似乎小心翼翼地，以一种低调的方式，向他所说的学生描述了另一种耻辱，这种羞耻并不是活着的羞耻，而是一种对他们参与了主人能指的降格的羞耻，这种羞耻可能会改变一些事情——也就是拉康说的，具有"另一种意义"。从某种意义上说，这可能是一种很好的羞耻，这或许可以纠正那些可耻的无耻行为，当拉康将自己作为"榜样"而让这些学生感到羞耻时，他自己可能也就成了那个可耻的无耻之徒。但羞耻的价值已经可以被人们认识到了，例如，凯尔泰斯在援引雅斯贝尔斯（Jaspers）时说："无论我做什么，我总是感到羞耻；这就是我最好的美德。"① 我们在这里看到了羞耻的伦理成分，它存在于拉康关于情感的所有思考中。

我要强调一点，拉康对于历史上各种主要情感的理解的特殊之处。对于羞耻感，这种理解的特殊之处尤其明显，拉康之前的海德格尔和他之后的阿甘本（Agamben）、萨特、列维纳斯（Levinas），都经常对耻辱感发表评论。两者之间的分界线与本体论维度有关。拉康借用了萨特的描述，萨特描述了一个时刻，即另一个人的凝视带来我的存在中最真实的东西，这种东西就是所谓的欲望或者享乐；列维纳斯在这个时刻中看到了"自己被钉在了自己身上这一事

---

① I. Kertész, *Journal de galère*, Arles, Actes Sud, 2010, p.118.

实"①，这一事实是难以忍受的，也就是自己被钉成了一个被误认的，甚至被拒绝的自己，一个人们无法逃离的自己。然而，用"羞体论"代替本体论，这并不意味着拉康采纳了列维纳斯的立场。恰恰相反，"羞体论"并不意味着，羞耻是存在最显著的特征，羞耻标志着言在主体和存在本身的相遇，甚至像海德格尔所坚持的那样，它本质上是一种存在的耻辱。拉康重新命名的"羞体论"并没有指向一种存在的神秘而形而上的方向。它指向的不是这种方向，而是在经验中非常清晰的东西，这种东西激发了精神分析以及精神分析所处理的事物——也就是说，每个言在主体实际上都"被钉住了"，被钉在了他那基底的幻想和症状不可知的享乐上。更重要的是，这就是为什么羞耻从来不是纯粹的主体内的，他者总是参与其中——他者的存在并不一定是为了让你感到羞耻，就像当有人对一个孩子说："你不为自己感到羞耻吗？"这个他者只是一种在场，无论是真实的还是想象的在场，这种在场就是羞耻感的前提条件。羞耻远不是一种形而上学的普遍现象，而是一种社会情感，它有自己的历史形式，与它所在的某个时代的辞说联系在一起。倘若它的辞说前提是资本主义辞说，也就是主人能指降格的时代，当1968年运动中的那些学生感到羞耻，尤其是那些逃离集中营的人也感到羞耻时，那么这个时代

① E. Levinas, *De l'évasion*, Montpellier, Fata Morgana, 1982.

的羞耻肯定不是古代的那种"羞耻心"（Aïdos）。毫无疑问，我们必须遵循凯尔泰斯的解读，因为作为触及试图逃离的人们心中的羞耻感的人之一，他认识到了，大屠杀中有一件事情开始了——但我们只能通过辞说、通过文化来理解这件事。

第五部分
神秘情感

—

　　对目前我提到的内容进行一个概括性总结就是：我们可以根据情感来源的各种结构性的影响，来细分各种情感。不同的情感对应着不同的影响，第一个影响是消极性的，这种影响带来的是存在的缺失、享乐的缺失、知识的缺失——三者依次对应的是对存在的激情以及与阉割相关的一些情感。后者多种多样，涵盖范围从无力至感到恐怖。此外，还有一些情感并不联系着缺失，而是联系着存在：补足性的享乐——石祖享乐，也就是意义带来的享乐以及症状带来的享乐——这种享乐总是让我们感到不满。总之，各种情感都是身体受到语言的影响，其影响表现为主观情感的形式；然而，后者取决于不同历史时期的辞说以及主体的伦理。

　　然而，拉康在此进一步补充了一些东西。他在"再来一次"讨论班中开始修正他对无意识的概念——与其说，我们用解码后的知识来定位无意识，不如说我们用储存在啦啦语中的知识来定位它。后者超出了人们对无意识的一切表述，并体现在症状中（因此，这是一种实在的知识，既在意义之外，又联系着享乐的实体）——拉康拓宽了指示性情感的范畴，并打破了他以前的看法，即焦虑是唯一具有指示性的情感。

正是在对焦虑的论述中，拉康首次提出了一种情感可以是指示性的，他将焦虑描述为一种不会欺骗我们的情感，因为焦虑依然保留着导致它的原因（正如我在前面一章中所说的那样）。因此，他认为焦虑是一种特殊的情感，一种能够指示意义之外的东西的情感：最为重要的一点是，这是一种"无现象"客体（客体 a），这种客体在大他者中创造了一个洞，更广泛地说，这是处在意义之外的实在的各种形式。我们可以精简地说，焦虑是与实在有关的情感——既与符号中的实在（即不可能写入大他者的东西）有关，也与符号之外的实在（即生命的领域）有关。拉康的如此论述是在 1962 年至 1963 年间。十年后，在"再来一次"讨论班中，拉康将这一论点扩展到另一系列的情感，他称这些情感为神秘情感；这些神秘情感的出现证明了一个事实，即主体接近了某种实在之物。

情感的证明

"情感的证明"这种说法似乎是自相矛盾的，因为情感可以被体验和感知，甚至可以被共情或感染，但它不能带来论证。此外，如果没有词语来命名，情感总是很难被定义，但词语就来自语言。

拉康早期关于无意识作为语言的理论，完全是基于某种解析的技术——即使拉康甚至得出结论说，这种解析是一种假设性的、部分性的"深度研究"。然而，被解析的东西是由能指带来的，这些东西带来一些并非难以言喻的回应，这些回应也可以传递给他人，这些回应也就是精神分析的圈子中的对话和交流得以存在的基础，不论这种对话是某种临床演示还是督导。相反，在"再来一次"讨论班中，拉康提出的理论将无意识当作一种知识，但它是一种无意识，不论我们解析得多深入，这种无意识的知识都是不可解析的。"言在身体的奥秘，就是无意识，这种无意识是实在的"①；而啦啦语就是那种影响着身体的知识的位置，这种知识的影响超出了我们所能表达的任何东西。因此，被解析的内容就成了一种"深度研究"，这种

---

① J. Lacan，*Le Séminaire*，livre XX，*Encore*，*op. cit.*，p.118.

深度研究的目的，就是了解啦啦语产生的影响。

这一理论显然是合理的。而这种知识在本质上不为主体所知，被除了拉康派之外的所有人都忽视了，那么我们如何才能确定，储存在啦啦语中的知识确实对享乐产生了影响？解析工作不能保证任何内容，因为它只是虚构的、被创造的一种知识，它无法影响到实在。

拉康在"再来一次"讨论班以及后来的一些文本中——尤其是在1975年他的《关于症状的日内瓦演讲》中，以非常临床的方式——提出了这个问题。我已经在其他地方讨论过这篇文章，在此我只想讨论一点，与情感有关的一点。这一点并不是涉及所有类型的情感，而只涉及拉康所谓神秘的那些情感。我引用在此："言在主体提供了一个机会，以便认识到啦啦语的影响有多么深远，因为它呈现了一切所谓神秘的情感。这些情感就是啦啦语带来的结果，因为啦啦语通过知识的方式来阐明事物，而这些知识比言在主体通过叙述的知识来维持的东西要更为深远。"[①]

也就是说，这些神秘情感就是啦啦语中未知的知识带来的影响，它们具有启示性。它们证明了储存在啦啦语中的知识是未知的知识；换句话说，它们证明了那种无法还原的无意识就是啦啦语。与

---

① J. Lacan, *Le Séminaire*, livre XX, *Encore*, *op. cit.*, p.127.

焦虑不同，一种神秘情感并不能指明，那个逃离了能指的东西——也就是客体 a。神秘情感指明了一种知识，但这是一种脱离了主体的知识，对这种知识的解析不论到什么程度都不会有尽头。因此，我们必然要颠覆弗洛伊德的主张："啦啦语存在之处，我就绝不可能存在！"

正是这种无能为力导致了神秘情感是不可还原的。我们在此可以看到，这完全不同于弗洛伊德的情感理论，后者认为，情感由于压抑而与其最初的表象脱离，因此情感是误导性的。弗洛伊德提到过那个恐惧症小女孩的体验，她害怕走进商店，而这种恐惧神秘之处，在解码的过程完成后，其实就已经消失了。于是，我们看到了一个能指序列，它构成了证据，并且使得传递得以可能，因为它揭露了这个最初情感的锚定点。但事实仍然是，分析并不能消除主体那些不可预测的情感。

和谐或不和谐的情感

并不是所有的情感都是神秘的，因此并不是所有的情感都与无意识的效果有关。我们无须去判断：涵盖了我们所有人的语言所带来的消极效应，是否创造了一些标准的情感，但有一点很明显，每一种辞说（弗洛伊德的术语是"文明"）都会产生所有主体都熟悉的一些标准的情感，因为社会联结就是这样创造的。这些主体不但不认为这些情感很神秘，反而觉得自己完全能理解它们。例如，失去——失去爱人或失去好工作——会带来痛苦，这一点没有什么出乎意料的。事实上，倘若失去没有造成痛苦，这反而让人惊讶，因为辞说可以共享经验，同时也共享了情感，这些情感也就是所谓的"和谐"的情感。辞说并不仅仅编织了这些情感，而且还在重点的集会，比如围绕音乐、宗教、民族自豪感等的大型集会上，展示着这些共通的情感。

这是否意味着，我们讨论的神秘情感是一些不寻常的情感，是我们每个人特有的情感，是一些不同于其他人的情感的情感？在每一种辞说中都有一些我称之为"异类"的情感，因为每一种辞说都由它所产生的满意和不满而带来某种差异。这种差异带来的结果，就是拉康所说的在社会联结中产生的享乐与每个人的享乐真相之间的隔阂。正因如此，个体无意识以及它所代表的享乐真相，掌控着那些无法与他人分享的情感。辞说组织了许多幻想，甚至是一些标准症状；资本主义甚至可以把幻想产业化。但精神分析是用自身的无意识知识、用自身的伦理立场及其情感意味，来处理每一个言在主体的独特性。一个人与另一个人之间的差异，无论是与幻想或症状有无关系，都意味着一种"真正对话的缺乏"，这种缺乏降临在我们所有人身上，尽管我们对交流有某种理想。因此，他者的情感——同伴的情感，或者更广泛地说，所有其他人的情感——常常都是很奇怪，甚至无法忍受的。但对于怀有情感的人们而言，这些情感又是如此直白，就像我在前一章中所说，他们心甘情愿地（错误地）将它们视为自己的真相。

然而，他者有时候似乎是很神秘的，但这并不足以证明，在分析的结局中，激起人们情感的是啦啦语。一个神秘情感并不标志着啦啦语的效果，除非它成了一个谜，一个并非对于他者，而是对于自己的谜——换言之，当自己的情感无法被自己理解时，当你无法根据情景去解释这些情感时，每当你的情感超出了你所认为的合理范围时，简而言之，当你无法在这种情感中认识到自己时。对于每个主体来说，都有一系列他特有的、他所熟悉的情感，这些情感为他熟知，就仿佛成了一种他能在其中认出自己的现实。这一系列情感是以什么为根基呢？正是以一种幻想为根基，这种一致性幻想弥散在他的整个现实中。主体对这种情感并不感到惊讶（即使他误认了自己幻想的本质）。相反，他会认为："这种情感就是我的反映。"

实际上，这些独特的情感涵盖了从确证到不信的范围。事实上，这些源于我们那一致的幻想的情感都捆绑在了一起，因为它们都是幻想对现实的某种确切的解释。幻想的一致性转化为我刚刚提到的，我们每个人各种各样情感的一个特征，这种特征可以表述为一个又一个短语：被拒绝、被殴打、被吞噬、被虐待、被窥探、被堵住、被践踏、被操纵等其他类似的短语。所有这些短语都涉及一种客体，或者说想象的客体的状态。这些短语涵盖的范围很广，包括癔症的感觉，即被一个不给他空间的大他者所排斥，到偏执的感觉，即成为一个邪恶大他者的攻击目标。一个沉浸在"一个被打的孩子"（弗洛伊德认为这个幻想非常关键）这类幻想中的人，一定会在各个层次上被打，不论是性欲层面还是心理层面。在这个意义上，我们可以说，主体从自己的幻想中获得了确证，即使这种确证似乎并没有让他安心。

在此，我要提出一个我在本书开篇就说过的警告，即情感并不是解释的盟友。然而，幻想的形式被表达为一些短语以及与这些短语绑定在一起的情感的一致性，从长远来看，有助于我们感受甚至是推测幻想本身；弗洛伊德在谈到"建构"时讨论了这一点。情感会在能指链上漂移，但有一些情感并不与能指相关，而是与无法言说的客体有关；焦虑就是后者中的第一种，因为焦虑就联系着这种客体。但是，焦虑联系着一些时刻，一些相遇发生的时刻，而前者那一系列的情感则体现在主体所说的一切中，这种情感就是一种享乐的一致性。

相反，某些不可预测的、不和谐的情感——既不与幻想，又不与辞说和谐，必定让主体惊讶的情感——确实有一个不同的来源，这些情感源于啦啦语的知识，而这种知识将永远是未知的。

刚开始进行分析的主体希望，在分析结束时，他将不再体验任何这些不和谐的情感，而只体验与当前情况相和谐的情感。然而，情况并非如此，正如我之前所指出的那样，拉康从未声称，情况是如此的。早在 1967 年，他就注意到，在分析过程中所建构的分裂主体，在分析结束时仍会体验到"不可预测的情感"①。简而言之，我们以一种假设的方式将无意识解码为语言；而像啦啦语那样无法解码的无意识，我们则通过症状和无法测定的主体情感来体验它。

揭示性的神秘情感

之后，拉康开始认为这些情感具有一种认识论上的意义，在十多年之前，这就是他对于焦虑的认识。字面意义上来看，我们不可能认识到任何不具有语言结构的事物，但是超越语言结构的事物可以透过情感而呈现在我们面前：客体 a 或符号之外的实在以焦虑的形式呈现，而啦啦语则以神秘情感呈现。

症状都是在主体习得语言的早期，在与创伤性享乐最初的相遇时期形成的，而没有主体的联想，症状也得不到解释，这两个事实是上述论点的证明。事实上，我已经提到过，症状就是被影响的身体的享乐，也是一种对于知识的享乐，它会呈现在一大串神秘的主体情感当中。这类情感不一定是令人不悦的，因为这些情感中存在

---

① J. Lacan, «Discours à l'École freudienne de Paris», *Autres écrits*, *op. cit.*, p.278.

着我提到的"他样满足",即喋喋不休的满足。这种满足本身也是很神秘的,是波动着的,时而呈现为已然说出的内容,时而呈现为没有说出的内容,而我们并不清楚其缘由,这种满足与那种伪对话的满足毫不相干。这是一种宁愿孤独,也不愿意与他者享乐(L'autre jouissance)混在一起的满足,而拉康在"再来一次"讨论班中认为他者享乐是女性享乐。但这种满足并不是享乐。它是一种主体的,而非身体的现象。然而,根据拉康的说法,这种满足"回应"了享乐,更准确地说,它回应了话语中包含的啦啦语的知识享乐。

对于精神分析中的那个经典论断"情感是骗人的",我们在此可以进行补充。这种具有揭示意义的情感并非骗人的,而是在认识论上具有一种证明的意义。神秘情感成了一种实在无意识的标志,也就是一种在啦啦语中被说出来的知识。它构成了一种标志,即那个未知的知识就在此,它就是一个缘由,它赋予了词汇只有主体自己明白的另一种意义。当然,这个标志并不能保证一种知识的传递,这完全是因为啦啦语中被说出的知识并不等于科学知识。前者与身体紧密相连,因此处在享乐的维度。

知识之谜

拉康所谓的"知识之谜"这一表述十分复杂，从而值得被澄清。从"再来一次"讨论班的最后一讲开始，拉康在重读了先前几讲的文字稿之后，重新确定了这个讨论的目标：他说，这个目标并不是爱和享乐，虽然这两者都吸引了人们的关注，但真正的目标是知识，因为"知识就是一个谜"①。

这种说法是非常矛盾的，因为这句话本身就很矛盾。我们都想象，知识远不是谜一般的，反而正是知识让我们可以解开谜题，从而形成共识。科学的知识就是如此：只要我们有了知识，就能解开谜题；而且，只要某种知识无可辩驳，它就具有一种权威性，就可以强加在所有人身上。相较于拉康之前的教学内容所强调的重点（即他常常将科学的理想和完整的传递视为一种模式，他在这一讨论班再次确证了这一点，因此他竭力给精神分析创造一些数学形式），他此处的这种说法也非常惊人。当然，"再来一次"这一讨论班代表了他观点的动摇："精神分析的玩意儿不能变成数学。"② 而且拉康还

---

① J. Lacan, *Le Séminaire*, livre XX, *Encore*, *op. cit.*, p.125.
② *Ibid.*, p.104.

强调，他只能以一种贬值的角度去提出他那些数学式子，这便是他最终的结论。

很明显，拉康说的这种知识并不是指所有类型的知识，而是指无意识知识。"分析让我们认识到，有一种不自知的知识存在，这种知识就基于能指。"[1] 这就是索绪尔和弗洛伊德的异曲同工之处。事实上，科学让我们熟知了一个观点，即知识是出现在实在中，因为这种知识的表述可以让我们把握物质世界，而这种表述本身是纯粹形式化的：它们只是一些字母和数字。那么我们是否可以说，借由能指系统的差异结构而形成的这些形式元素的集合，精神分析也可以构建起一种知识？拉康对此的回应是否定的："知识就是被表述出来的内容。"[2] 当然，知识是通过话语表述出来的，这种话语说出来的知识就处在言说的语言中，但是这一系列能指并不足以创造一种所谓的知识，因为知识处在享乐的层面。因此，谜一般的知识，其实就是享乐着的知识。

能指足以传播信息，但这对知识而言是不够的。无意识的知识，就是能指的知识，也就是一种形式元素的知识，这是当然的，但是这种知识也是享乐自身的知识。在这个意义上，我们不能说，一台电脑是自知的，尽管电脑也可以用来思考。信息和知识之间也有同

---

[1]　J. Lacan, *Le Séminaire*, livre XX, *Encore*, *op. cit.*, p.88.
[2]　*Ibid.*, p.125.

样的差别，这也就是拉康对那些什么都不懂，但是又自豪地进行教育的巴黎高等师范学校的学生开的玩笑："在享乐中，每当知识被运用出来，它就又一次赢了。"[①] 在那些教育者处理那些所谓的学业困难时，这句话就是指向他们的，同样也是指向那些精神分析家的，因为"教育可能给知识带来了障碍"[②]。能指是知识的必要但非充分条件，知识是被享乐的词，借助这个定义，我们才能理解啦啦语的功能。

从影响着享乐生命体的词（即拉康最初的观点），到被享乐的词（之后的补充观点），拉康是如何过渡的呢？这是巨大的跨越性的一步。在拉康那里，语言对享乐的生命体施加作用，这是前期的观点。这个观点起初强调的是要求的效果，这种要求把需要转变为冲动，之后强调的是由啦啦语文明化的享乐。这一观点与无意识这一概念密切相关，即无意识由一些单一特征（traits unaires）组成，这些特征标志着最初的享乐体验——从创伤到极致的快乐——但这种概念并未提到语言和享乐的异质性，即这两者属于不同的范畴。简单地说，语言会影响生命体，并通过引入缺失和破碎来塑造享乐。但拉康在 20 世纪 70 年代提出的被享乐的知识这一理论实际上消除了这

① J. Lacan，*Le Séminaire*，livre XX，*Encore*，*op. cit.*，p.89.
② J. Lacan，«Allocution sur l'enseignement»，Clôture du Congrès de l'École freudienne de Paris（1970）sur l'enseignement，*Autres écrits*，*op. cit.*，p.298.

种异质性，因为他认识到啦啦语中的语言元素具有享乐的客体的地位。这一理论就完全不同了，这一理论在认识论和伦理上的意味非常深远。

然而，一个问题出现了：享乐如何变成一种形式元素，变成能指？这实际上是一个关于无意识知识构成的问题。享乐和能指的结合是否具有某种形式规则，或者至少在合适的时刻具有这种规则？

起初，对于每个人来说，啦啦语都来自辞说的声音媒介，这种辞说也就是婴儿周遭的人们对他说的话。母亲的闲谈（母性啦啦语）伴随着母亲最初对孩子身体的照顾，这些闲谈会影响孩子，甚至在孩子能够理解这些声音的意义之前。在此，最基本的差异性元素并不是词，而是没有任何意义的音节。儿童的那些喃喃细语就是对母亲闲谈的回应，这种呢喃就代表着声音和满足结合的时刻，这些时刻早于任何语言学上的句法或语义的习得时刻。拉康认为，前语言阶段是不存在的，但是前谈论时刻是存在的，因为啦啦语并不是语言。啦啦语不是习得的；它用声音、节奏、沉默的片刻等包裹住了婴儿。因此，我们有理由将这种母性啦啦语称为"母语"，因为它联系着最早母亲对孩子的照料中的身体接触，弗洛伊德认为这种照料对一个人之后的爱情生活有着巨大的影响。这种啦啦语在后来正式学习语言的过程中被遗忘了，但是有一个事实仍然存在，啦啦语的痕迹构成了无意的核心，也就是最为实在、最为意义之外的部分。对于每个人来说，当我们进入语言之海的那一刻起，声音和身体就情欲化地结合在一起，而词的重量也就锚定在了那个结合点上。这些词对于每个人而言的重要性不同，这种不同之处并不仅仅在于词的意义上，也在于词带来的满足上。诗人的"mangé des vers"①就是一个证明，分析也是一个证明，在分析中，啦啦语会出现在很多突然的顿挫中，这些顿挫是很不协调的，有时候可以让我们接触到症状中最为实在的部分。作为啦啦语的无意识就是一种"言说的知识"，但是"我用身体言说的知识"②，因为啦啦语的元素本身就可以影响享乐的身体。这并不是一种科学知识，科学知识会除权主体，那是一种被铭刻下来，而非言说出来的知识。而我称这种言说的知识是一种"未知的知识"，但是有一些东西可以证明这种知识：我上文强调的神秘的情感，还有症状，拉康很早就说过，症状是铭刻在血肉上的字。这就是一种知识的形式，换言之，就是被享乐的词，也就是言在主体的特征。

然而，知识之谜中还不止这些。"知识的根基就是，对其运用的享乐等同于获得其的享乐。"③我们在此见到了一个自相矛盾的说法，这个说法体现了常识性知识和无意识知识之间的区别。对于前者，

---

① 译者注：这是一句双关语，意为"被虫子吃掉"或"被诗句哺育"。
② J. Lacan, *Le Séminaire*, livre XX, *Encore*, *op. cit.*, p.108.
③ *Ibid.*, p.102.

我们可以观察到，习得这种知识在任何意义上都需要付出很多代价，但是我们不能否认，一旦习得这种知识，主体会非常受益，主体可以运用这种知识。那么对于后者，习得这种知识的享乐等同于运用这种知识的享乐，这又意味着什么呢？我认为，这意味着一件事：没有缺失，没有熵。一个能指在被习得的过程中，就会被转化成一种享乐——换言之，它成了一种知识的元素——而这种能指是可以被享乐的，这种享乐等同于在运用这种知识的过程中的（没有缺失的）享乐。只要我们还记得，拉康在此之前一直强调过能指的熵效果，那么一定会感到惊讶，因为只要有一个"一"，不论我们称之为单一特征还是能指——这个"一"指示着某段还没有被标记的经验，那么就会有丧失和熵。正如拉康在"从大他者到小他者"（D'un Autre à l'autre）这一讨论班所强调的，这个"一"使得客体 a 被抽离出来，因此这种丧失在重复的享乐中延续了下来。

这两个论点无疑是互不矛盾的。如此，我们就足以理解"知识的……双重性"[1]。一方面，这些单一特征会造成丧失，即通过假设一个主体来运作的无意识，这就是被阉割的享乐带来的罪疚感，这种罪疚感"具有一种主体的功能"[2]，于是它会不停地重复。另一方面，这种知识又代表着啦啦语当中那些不相称的知识。拉康认为，

---

[1]　J. Lacan，«Radiophonie»，*Scilicet 2-3*，p.77.
[2]　J. Lacan，«… ou pire»，*Scilicet 5*，Paris，Le Seuil，1975，p.9.

这种知识中的元素，不论我们称之为字母还是符号，它们都是被享乐的，反复被享乐的，它们没有丧失。这是一种完全不同于"享-义"的基础幻想的恒定趋势；这种趋势补偿着性关系的不可能，它也就是独特性中的根本症状。

主体的双重性可以被分解为 S1 和 S2，而无意识的知识也具有如此的双重性（如下图所示）。

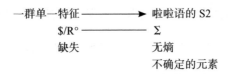

一群单一特征 ⟶ 啦啦语的 S2
$/R°$ ⟶ Σ
缺失 无熵
不确定的元素

不信感的产生

因为拉康提到了"症状本身的享乐，也就是一种排除了意义的不可知的享乐"[①]，那么，我们可以在临床上看到由这种知识带来的一些情感吗？我先前提到过，与幻想有关的情感会带来一种令人安心的熟悉感，即便症状的某些部分会令人不安。然而，由不可知的享乐产生的情感，一旦人们体验到这种情感，不会感受到任何熟悉或心安的感觉，反而它会带来一种……不信感和陌生感，不论对于主体本人还是其他见证者而言都是如此。这种带来不信感的情感，也就是对啦啦语的实在效果的一种回应。啦啦语带来的情感中，并不是所有的都是实在的，因为啦啦语也可以在想象和符号层面起作用。但是，我已经提到过，啦啦语本身是实在的，它在实在界中起作用，从而产生了症状。当某种难以确信的实在出现时，人们总是会说："这不是真的！"他们并不清楚这句话的意思是什么。实在被定义为"与一切真实相反"，这是我引用《第十一讨论班英文版序言》[②]中的一个说法。也就是说，实在一方面并不来源于真相、历

[①] «Joyce，le symptôme II», in *Joyce avec Lacan*，Paris，Navarin，1987，p.36.

[②] J. Lacan，«Préface à l'édition anglaise du *Séminaire XI*», *Autres écrits*, *op. cit.*，p.573.

史、主体的个人历史，另一方面它也不可能变成真相。像一句话一样的幻想，就是主体的真相，它构成了言在主体所说的所有内容的真相。实在则相反，它是对历史的主体化的限制，它带来了不信感。

不信感，就是一种不相信的姿态，弗洛伊德认为这种姿态就是精神病的起源，他称之为"不相信"（Unglauben）。"不相信"来源于除权，即能指的缺失。但是，什么是相信呢？归根结底，我认为，有必要区分两种"相信"，其对应实在的两种定义。符号界中出现的洞，也就是弗洛伊德所谓的原初压抑（refoulement originaire，RO），这里缺失的能指就支撑着一种信念：当能指弃权了，我们就要激发、创造出一个为此表态的人——拉康所说的，"言主"（dieure）①。这就是为什么，拉康认为，原初压抑就是卜帝这个人，也就是上帝造人之处；这就是为什么，我用"洞之宗教"②来指代否定性神学，这些神学不愿对上帝进行预测，甚至不愿意接受上帝的言说。

但是，如果将实在定义为符号界之外的实在，那就是另一回事了。拉康提到了对症状的相信。在人们面前呈现出症状的人，相信着症状。在什么意义上相信呢？他相信，症状可能有某种意味。这可能就是转移的另一种表述。假设知道的主体（SsS）这一表述意味

---

① 译者注：拉康自造词汇，此词结合两个词：dieu（上帝）、dire（言说），意为言说的上帝。

② C. Soler, «L'*exit* de Dieu, ou pire», *Champ lacanien*, Revue de l'EPFCL-France, n° 8, 2010.

着，我们相信无意识的展现有某种意味，换言之，这些展现是有某个意义的，于是我们可以说，"假设知道的主体"落下神坛，即代表着不再相信他，也就是不再期待他可以说出什么真相——有关根本症状的真相。这就是真相的终点。在这个意义上，分析只有在产生不信时才能结束。然而微妙之处在于：从转移性的相信过渡到不信，这是一个朝向某种知识的过程。这种知识不是任意某种知识，而是特指实在无意识的知识，这种知识在实在中，意义之外被享乐。这个过程是一个条件，借此我们才能认同于症状，认同于我们相信的那种趋势，然而这种症状会强加给主体，会被主体体验到，要么是一种狂喜或着迷，也就是写出《芬尼根守灵》的乔伊斯的情况；要么体现为一种惊恐或咒骂，这是更为普遍的情况。除非……我们甚至带着一定程度的激情，而把症状变成自己的一部分。

　　然而，"啦啦语的效果，就如同知识一样"①，并不局限于症状的享乐这一功能／固着；另外，它还会带来各种各样……神秘的情感。因此，我要通过情感来论述啦啦语的证据。

---

① J. Lacan, *Le Séminaire*, livre XX, *Encore*, *op. cit.*, p.127.

再来一次之爱

　　拉康甚至把这一证据用在爱的问题上，他将爱变成了一种我所谓的"知晓"之爱。如我上文强调的，在拉康的教学中，他对爱有过某种谴责，因为爱代表着一种矛盾，一方面是爱闪耀登场的舞台，另一方面是爱堕入深渊的现实。这并不仅仅是对事实进行的一种观察：还是伦理上的判断。弗洛伊德和拉康都对此做出了大量这样的判断。他们认识到，在爱当中，在我们对爱的某种品位当中，存在着一种我们对于现实的误认，爱成了一种无知的激情，这种激情什么都不想知道。

　　在"再来一次"讨论班中，拉康对爱有了新的认识。① 拉康把爱理解为某种探测器、某种信号、某种无意识的情感。在《电视》中，拉康又重提了这一点；在提到性关系的失败之后，拉康提道：爱当中最重要的，就是信号。之后，他又继续详述：这是一种对无意识觉察的信号，也是其对主体施加的一种主体性效果。我引用如下：

---

① 　我本人的著作 *Lacan*，*l'inconscient réinventé*，*op. cit.*，p.177。

精神分析辞说所揭示的重要一点就是——人们常常看不到这一条线索，这让人感到惊讶——结构了基于一种特定合居的方式言说的存在者的知识，与爱是紧密相连的。所有的爱都基于两个无意识知识的某种关系……我总结为：（爱）就是"透过一些总是被神秘打断的信号，对某种方式的再认，存在者正是以这种方式成为无意识知识的主体"①。

性关系并不存在，但是一种爱的关系可能存在，这种关系可以认识到他者；更准确地说，这种关系可以认识到无意识知识影响他者的方式。"没有性关系，因为被当作身体的大他者的享乐总是不适宜的——一方面是倒错，倒错就是大他者被缩减为客体 a——一方面就是我所说的疯狂和神秘。"但是，"面对这一僵局"②的情况，就是对爱的考验。

因此，爱之谜并不能因此而得到解决，但是这个谜关联着无意识的根基。"一些总是被神秘打断的信号"要么就是承载着享乐的症状，要么就是伦理主体回应这种享乐的方式。无论如何，总是能被认识到的爱之谜揭示了作为一种知识的无意识的僵局，这种知识是

---

① J. Lacan, *Le Séminaire*, livre XX, *Encore*, *op. cit.*, p.131.
② *Ibid.*

未知的、难以明说的，正是这一僵局成了性关系的障碍。爱是一种指示，它指示的并不是主体间性，而是两个言在主体构成的"认识间性"（interreconnaissance），这是由两个啦啦语构成的。我们在此可以看到某种敏感性，这种敏感性带来了两个无意识效果之间的亲缘性，这种亲缘性并不代表着一种身份认同。事实上，只有这种情感可以认定拉康所说的这种无意识，因为这种无意识与符号毫无关系：这是实在的无意识，它外在于意义，外在于被享乐的"字质"。

因此，爱带来的惊讶，本身就是很奇怪的，但矛盾的是，这种惊讶又可以成为一些信号，代表着另一个谜题，无意识的谜题。不论弗洛伊德观察到的爱当中的重复性，还是爱与幻想的关系，都无法让我们理解那些完全不和谐的选择，这些选择有时候会把两个存在者结合到一起，而这两人可能相对于其类似者而言是完全不匹配的：他们的选择似乎出离了一切解释。两个不同的啦啦语之间的相遇，也就是两位"淫秽者"，这两人都让彼此最早年生活中原初的那些偶然事件永远留存了下来，因此这种相遇反而可以让我们理解他们的选择。这就是独特性的最终源头。

如此说来，"再来一次"讨论班的最后一章从对知识之谜的论述开始，却以知识透过爱这一神秘情感而具有一种揭示性而突然结尾，这一点便不令人惊讶了。

第六部分
分析性情感

拉康派精神分析以新的方式加深了对情感的理解，因此它无法回避一个问题，即要探讨分析辞说本身带来的情感，因为每一种辞说都会带来相应的情感。

这种探讨并不与分析的"多真性"（varité）相悖，这是拉康创造的一个词，此词凝缩了"真相"（vérité）和"多样性"（variété）两个词，这个词表明了，真相对每个人都不相同。弗洛伊德创造了这个观点，拉康又重提了它：没有任何两段分析是一模一样的。每一段分析"都能让分析者明白他症状的含义"[1]，但是这些症状之间没有共通的意义，尽管这些症状可能比较典型。由日常辞说带来的一些共通的、好的意义，在解读无意识方面都是很可笑的。然而，分析会让主体面对剩余享乐的问题，于是分析会揭示出那些主体所不想知道的内容以及无意识的效果。分析还会假设一种与假设知道的主体的关系，并同时又注定使得这种关系走向失败（在分析运动中

---

① J. Lacan, «Introduction à l'édition allemande des *Écrits*», *Scilicet 5, op. cit.*, p.14.

没有人会反对这一点），因此分析必然会激起一些情感，这些情感并非偶然的，一旦分析开始，它们就不仅仅只联系着某个独特个案了。重点在于，我们要搞清楚分析结束时的情感是什么样的，因为这些情感就是对分析的一个总结。

转移的情感

我们首先从转移的问题谈起。因为对于拉康来说，转移非常重要。分析不仅仅对爱有一些新的理解，弗洛伊德对爱情生活的心理学的研究就可以证明这一点，而且我要引用说，"转移与爱有关，这是一种感觉，它在转移中获得一种新的形式，而转移颠倒了它"。转移之爱是一种"朝向知识"[①]的爱。通过这种说法，拉康把转移中感觉的维度，即对分析家的依恋，这也是弗洛伊德所感到惊讶的一个发现，与揭示无意识的这一认识论的维度凝缩在了一起。这种转移之爱在一开始就展现出了其与众不同之处：我们可以观察到，与其他类型的爱不同，这种爱是一种期待，期待的不是一种存在的效果，而是……解释，这种爱不仅仅是弗洛伊德所认为的，一种幼儿之爱及其失落的重复。很多分析者会如此抱怨："但是您什么都没说！"转移之爱的颠覆事实上依赖于一个事实：它"带来了一个有机会回话的同伴"[②]，而分析家作为一个媒介，他可以对出现在分析经验中

---

① J. Lacan, «Introduction à l'édition allemande des *Écrits*», *Scilicet 5*, *op. cit.*, p.14.
② *Ibid.*, p.15.

的知识进行解释。"没有对话"也就是言在主体的共同宿命，因为所有的言在主体都是独一（unarités）无二的，这种"没有对话"也就在分析中达到了其限度。因此，转移之爱并不是一种永恒之爱。

弗洛伊德已经注意到，曾经的爱都是指向一个具有各种化身的能指"一"，比如主人、师傅、牧师等——参见《群体心理学与自我的分析》（*Psychologie collective et analyse du Moi*）。这种爱指向小他者的独特性，这个他者是主人能指的承载者，在他身上，恨和曾经的爱都是相互依存的。而这种新的爱则呼唤着分析家的话语，因此它指向一个需要阐明的知识，我们可以写作 S2。拉康引用了兰波（Rimbaud）的诗文，认为这种新的爱伴随着辞说的每一次转变而出现，他甚至在其中看到了分析性辞说的出现，因为每一种新的辞说都建立在一种新的言说方式上，也带来了一种新的回应的可能。很明显，在希望和实现之间，就是各种辞说与分析辞说之间的距离。

因此，转移中出现的所有情感都对应着这种知识之爱中的内容，对应着解析和随之的意义产生后的结果，因此也对应着无法解析、无法进入语言的实在之墙。转移的各种情感并非同时出现的，它们的出现是有时间次序的。拉康在《治疗的方向》中评论他同代分析家时提到了这一点。他区分了转移关系中的三种情感，即分析之初的"最初的迷恋"、中间时期的"根本挫折"、最终的"使得关系如此难以破裂的各种满足"①。拉康在我之前提到过的争论时期，重新采用了这些术语，并且指出了分析终点时遇到的墙，这堵墙就是抑郁或反抗，这里也就是弗洛伊德探索的终点。

期　待

事实上，进入分析之后——我不是说与分析家见面——第一种情感并不是一种挫折，而是一种期待，甚至是一种接近于希望的期待，这种情感时常在治疗的时间流程上是最初的，在治疗的逻辑上更是最初的，因为它代表着一种假设某种知识的转移。"转移是一种基本上与时间及其操作有关的关系。"②挫折只是在之后才出现，也就是当这种期待转变为失望的时候，问题就在于，这种失望是因为某种（临床）操作还是结构本身？

期待是欲望的一种形式。但是，这是对什么的期待呢？根据欲望的多层结构，我们有很多种方式来谈：透过转移，这是对一种被假设的知识的期待。如果我们按照弗洛伊德的术语来说，这是一种对揭开压抑的期待，也就是一种被假设的治愈性。这也是一种对欲望之谜"您要什么？"（Che vuoi？）的期待，即期待着欲望之谜有某个答案；同样，这也是一种对于"欲望的等式"能找到一个"答案"

---

① J. Lacan，«La direction de la cure»，*Écrits*，*op. cit.*，p.602.
② J. Lacan，«Position de l'inconscient»，*Écrits*，*op. cit.*，p.844.

的期待，即客体和剩余享乐的问题可以得到澄清。另外，这也是一种"对存在带来的期待"①，这种存在正是欲望的存在。

总而言之，这是一种在解析的要求中对知道的期待，但这种知识不是任意的知道，而是一种想知道：在存在者的欲望或享乐中，是什么导致了主体各种症状的痛苦。这种期待时常（但并不一定）具有一种迷恋的形式，因为它不仅指向对无意识的一种被假设的知识，也指向一个被假设知道这一知识的主体，主体因此也期待着这个主体给出回应。我所假设知道的那个人，也就是我爱的人，也就是我向他提出要求的人，这种要求既是一种爱，也是一种知识。分析者说的话是一种要求，不论他说的是什么（他说的内容不一定是一些明显的要求），而期待就是这种要求的一种时间性的模态。

事实上，对爱的要求和对知识的要求之间有着巨大的差异。对爱的要求是不及物的；它并不要求任何特定的东西，也没有任何回应可以填补这种要求，尽管费伦齐的观点并不是如此。这就是为何如今，我们仍有必要保持节制，不去满足分析者对爱的要求。但对知识的要求并不是如此；这种要求不仅可以被满足，而且它就是在分析中的那种"灵光乍现"（eurêka）的时刻被满足的。这类"灵光乍现"可以分成两类：要么是真相被说出的时刻，要么是无意识中

---

① J. Lacan, «Position de l'inconscient», *Écrits*, *op. cit.*, p.844.

的能指被解析的时刻；但是无论如何，这种满足都来源于一种发现的惊喜。

因此，转移中的期待可以体现为多种情感形式：它常常具有一种希望的色彩，有时候会变成一种短暂的欣喜，通向真相的道路上每有发现，这种欣喜就会相伴而来；它维持着一种解析的享乐。反过来，它也可以具有一种担忧的色彩，担忧会发现什么；而当话语被跳过，没有得到解析时，这种期待又可能变成一种不耐烦的失望，变成一种哀伤，甚至可能带来愤怒。当然，这些都是主体的特定幻想位置的标志，分析家不能忽视这一点，但是这些情感都受制于与某种假设的知识的关联。从现象上来看，这种期待根据分析者的不同而有不同的形式，它多少是有点命令性的，有点情欲性的，可以促进分析或者相反。弗洛伊德坚持这一点，但是他坚持的是这种期待在符号层面的动力，这是一种对知识的期待，与其说是期待治愈，不如说是期待揭示。或者我们应该说：这是一种透过揭示而治愈的期待，因为分析就是在"澄清你作为其主体的无意识"[1]。

终点之墙

然而，从结构上说，转移中的期待必然遭到失望。运用自由联

---

[1] J. Lacan, *Télévision*, *op. cit.*, p.67.

想的分析规则所带来的期待必然遭遇挫折，任何一个分析家都不能忽视这一点。这种挫折会极大地呈现在分析者的话语中：对于已经获得、认可的事物的抗议、失望、反抗。在这种转移的要求面前，我们会注意到一种爱的贪得无厌性，弗洛伊德面对这一点时，建议我们保持着一种善意的中立态度以及一种解释的姿态，他甚至会认为，某种程度上的不满是分析的必要条件，而满足这种要求相当于剥夺了力比多的动力。拉康注意到了"（弗洛伊德）面对转移的冷静"。正如我之前所说，争论的焦点在费伦齐的观点上，因为他是非常"不冷静"的。费伦齐有感于这种欲望，并且试图做些什么去回应分析者的要求，并且满足分析者被爱的心愿。这一点一开始体现为他的主动分析方法，然后又是互相分析，最后，更麻烦的一点是，他对弗洛伊德的不赞同甚至像是一种对弗洛伊德的否定了。然而，问题并没有在这里结束。这场争论之后又在费伦齐的学生巴林特（Balint）这里重现了，再之后又传播到了温尼科特这里……拉康也进入了这场争论，当时他同时代的分析家开始转变解释的目标，这些分析家的关注点越来越少地集中于无意识，而是在阻抗上。因此，拉康主张回到弗洛伊德的取向，对无意识进行解释。然而，他并没有停在这里，因为我们想知道的是，为何转移中的话语必然遭遇这一结果（挫折），这种结果又如何在分析过程中被最后克服的。

弗洛伊德认为是终点之墙的这些情感，每一位分析家都遇到过，这些情感的一个基本形式就是报复，即随着分析的进展，分析家对于想要、极度想要得到的东西的一种反抗。那么这是什么呢？不同的分析家可能会有不同的说法，但是我不想在此给出一个历史性的回顾，我要直指问题的核心。

弗洛伊德对此的阐述在于，他把这个问题放到阉割情结中考虑：拥有石祖。我在此不想讨论拉康对于阉割的重新阐述，但是拉康的阐述意味着，阉割涉及某种结构上不可还原的东西，这是一种情感，它并不是来源于父性大他者，而是源于无意识。它并不是源于作为大他者的辞说的无意识，因为这种无意识仍然具有一个意义，而是来源于一种"没有主体的知识"[1] 的无意识。这种无意识影响着享乐，把享乐切分开，打成碎片，把它提升到症状的层面，使之拒斥一种匹配的性关系，即两个肉体梦想着可以成为相爱的一体的关系。然而，这种享乐并不能把人们联结在一起，它在主体身上造成的影响是，让主体体验到一种孤独、被抛弃、无能等情感。当精神分析中，指向分析家的对爱的要求出现时，那么这种请求就可能周期性地转变为一种愤恨或愤怒，简而言之，这也就是弗洛伊德所谓的转移中的报复。

正是在这一点上，在面对这类情感的阻抗上，精神分析的运动

---

① J. Lacan, «Compte rendu de l'acte analytique», *Ornicar?*, n° 29, Paris, Navarin, 1984.

潮流改变了解释的目标，解释的目标变成了病人对于分析家的情感，这种情感被假设为俄狄浦斯阶段的情感的重复。这条道路是一个僵局，它本身就证明了这一点，因为倘若分析只是一场早期戏剧的重复，那么这就是没有出路的。幸运的是，人们当时还没把分析家的情感当作解释的核心基础。拉康追随着弗洛伊德的道路，他认为，相反，我们应该把分析者的所有这些痛苦追溯到等待着解析的无意识的起源上，这样我们才有机会在当下去修改这些情感带来的后果。

然而，这种转移中的失望并不仅仅来源于这种对爱的要求，这种爱是性在语言中存在，因而受到必然影响的结果；这种失望也来源于我们对无意识认识的限度。因此，这种失望是双重的，它既存在于爱的层面，又存在于渴求知识的层面。拉康论证了这一点。但是我可以从中得到什么呢？很多东西，但并不是一种性关系，这种关系是不可能的，也不是个人孤独命运的终结，尽管我们可以有各种爱恋关系。那么我能从中认识到什么呢？一部分真相，但这种真相只能半说（mi-dite），不是全部的真相；实在注定是不可知的，即便它会在症状中显露自身。因此，精神分析不能减轻这种认识上的失望，反而呈现出这种失望的必要性，因为后者会不断地写在分析者的言说中。某种实在的东西与一个事实紧密相连："存在着一个'一'"，言在主体那个孤独的"一"是无法被消除的。

因此，我们不可能满足转移中的要求。这种对爱的要求会导致一个僵局；就如同知识方面，自由联想带来的揭示绝非结论性的，它总是缺乏着一个最终定论。用弗洛伊德的术语来说，压抑只能部分地解除，因为原初压抑依旧存在。当然，我们可以解析一些无意识，但是解析过程并没有一个特定的终点。我们学会去捕捉症状，或者说幻想的意义，但是意义……总是难以捉摸的，并且意义并不能让解析过程停下来。最终，我们可以获得一些知识，我们对此会有"一些"了解，但是只是"一些"。绝对知识并不存在，尽管黑格尔相信它存在；啦啦语对我们的影响超出了我们对它的认识；这种影响是无法被理解的。此外，在力比多方面，"性所遭受的诅咒"也是不可理解的。阉割并不是一种超越性的，这一点和俄狄浦斯情结不同，阉割不是一个神话，而是一块"骨头"，正如拉康所说，爱是无法消除阉割的。

那么最后，假设知道的主体这一假设会变成什么样呢？正如人们所说的，它会陨落。它会变成一个假象，一个当然有用的假象，但是也是一个陷阱，因为无意识是一个没有主体的知识，是不可理解的，无意识决定了阉割。分析工作只会带来一种"一"的结构（在此我不做详述），因此阉割的切口是无处不在的；在"一"（石祖性、独特性）享乐的层面，这是对两性之间关系的抗拒；而在已经获得的知识层面，知识是永远不完整的；在真相的层面，真相也是不完整的，不可能有最后的结论。事实上，阉割的切口最初就像一个创伤（令人恐惧的创伤），但是这种恐惧被遗忘了，因为它很快被幻想带来的意义所掩盖了。精神分析能让我们分辨出这种阉割的恐惧，换言之，让我们揭露出这种恐惧。

换言之，一段分析当然可以透过话语揭露出我们——以一种凝缩的方式——所谓的主体的真相，即一种幻想，这种幻想维持着主体的欲望以及症状从中获得的意义。但是，随着分析的进展，分析也可以揭露出我们透过言语所获得的知识的限度，这种限度必然会影响我们的期待。因此，并不是分析家没有能力消除转移中的失望，因为这种不悦的情绪是结构性的。如果分析竭力消除这种失望，那么他只会失败，使得病人完全离开分析，分析家自己也会越来越像一个教练，而不是一个分析家。

一段分析不只会产生失望，有时候甚至会产生焦虑。拉康在这一点上说，分析没有理由不带来焦虑。因为，根据定义，分析就是把痛苦化作语言，让实在界进入符号界和意义的领域，但不论是什么样的实在，实在总是在意义之外，总是让主体受苦，让主体进入分析的东西。因此，我们可以期待，一段在意义层面运作的分析可以减缓在意义之外的实在所带来的焦虑。而且这其实就是分析的效果，但是只有从长期来看，这种效果才是存在的。这也就是围绕着温尼科特及其"中间小组"的争论。他们的名言是：不论你做什么，都不要让分析者感到焦虑，（倘若你让他们焦虑了）让他们冷静下来之后，再让他们离开！这种取向误认了一点：焦虑是客体和实在的索引，它指向着能指无法捕捉意义之处。分析实践可以让我们明白一点：一丁点偶然的焦虑都不存在的分析是不存在的，这也是弗洛伊德在拉康之前的说法，分析越是朝向实在，越是会遇到焦虑。因此，拉康在他晚期的工作中阐述说，要说分析家是如何工作的，那就是引发焦虑。

无论如何，我们可以看到，在精神分析的历史上，被大量讨论的这种挫折所带来的效果完全被轻视了。我们对它还没有足够的认识。拉康在 1973 年的《意大利笔记》(*Note italienne*) 中借用了一个有关美杜莎之头的说法："知道的战栗"(Horreur de savoir)。他甚至像一个基督徒一样说，精神分析家对那些他们所揭示的东西感到战栗。战栗并不是一种跟哀伤有关的懦弱，后者是压抑的同盟；战栗也不是一种指向某人的情感。它是一种认识到语言的阉割效果之后的情感，这种阉割的效果是我们每个人的特征，也是我们常常忽视的语言动因的特征。

但是，这难道不是一个悖论吗？我们接受分析，是为了减轻性欲僵局带来的症状，我们期待着一个美好的结果，但是我们的分析又展示出，这种僵局是无法消除的。那么分析除了撞上这堵南墙之外，还能走向哪里呢？这样一个必然的问题，又如何得到解决呢？

对这个问题的讨论，贯穿了精神分析的历史。这些讨论的主题范围，从弗洛伊德在 1937 年发现的"分析结束时的抑郁"到了拉康于 1976 年在《第十一讨论班英文版序言》中提到的标志着分析结束的一种"特殊的满足"。而在这两者之间，还有一些其他的论点：首先是"抑郁心位"，也就是一个哀悼的时刻，这是拉康在《治疗的方向》末尾提到的，当时他已经发明了他的"通过"制度。这个观点是对弗洛伊德的回应，也是用克莱因（Klein）的术语来反驳弗洛伊德，因为在拉康看来，"抑郁心位"是分析结束之前的状态。第二个立场是"躁狂-抑郁情绪"，拉康在《眩晕》（L'Étourdit）中提到了这一点，这个立场涉及巴林特的理论，即分析结束时的得意，拉康在教学中多次谈论了巴林特的理论。之后，在《意大利笔记》中，拉康讨论了分析结束时某种可能的激情，正是在这种激情的基础上，我们可以挑选出"学派分析家"（analystes de l'École，AE）。最后，当他把第十一讨论班介绍给英语听众时，拉康强调了分析结束时的满足。

因此，我们可以说，这些情感的基础，既代表着分析的最终阶段，也代表着分析的出路：我们可以说，这些情感都完全联系着结构，对于我们每个人都是同样的，而且这些情感也涉及每一个主体的伦理维度，这也就是我所谓的非认识论的变量。这种非认识论变量意味着，一段分析最终的结论不再可以从知识和非知识的平衡角度来理解，而是要从主体对这种平衡的伦理回应的角度来理解。这也就是所谓的"认同症状"的意义，这种认同代表着主体中一种位置的转变，这个位置必然带来我所谓的"分离的身份"（identité de séparation）。换言之，我们可以说，这就是一种弗洛伊德所谓的主体的防御模式的改变。拉康将这种伦理定义为一种面对实在的立场，而非面对辞说的准则和价值观的立场。无论如何，与分析终点相关的情感也就是一些与这种面对实在（无论如何定义这种实在）的立场有关的情感。我强调这种分析结束时伦理维度的重要性，因为这种伦理带来了主体要承担的责任，这种伦理也是少许自由的必要条件，没有这种伦理，我们就只能沦为无意识的木偶。

超越僵局

尽管拉康多年来有着众多阐述，但他在这一问题上的立场，在我看来一直是一致的：转移中的挫折、要求的反复重复（re-petitio）都是结构性的；然而从长期的角度来看，分析者对于存在的期待是可以，也必须被满足的。只是这种满足并不会以我们期待的方式发生。

在分析结束时，更准确地说，在成为分析的"通过"过程中，满足感就是最标准的情感吗？对于这个问题，我们没法求助弗洛伊德，因为弗洛伊德对于分析家自身的分析并无太大兴趣，而且也并未把这种分析与普遍上分析过程的终点的问题联系起来。我们甚至在弗洛伊德的著作中发现，他很明显把这个问题颠倒了过来，他认为分析家接受训练的分析应该尽可能短，只需要让准分析家确信无意识的存在即可。这是一种对于无意识形成物的确信，但这种确信其实只是对转移的定义，它是进入分析，而非成为分析家的前提条件。相反，拉康认为，只有一段分析走到了其终点，才能创造出真正分析行动的前提条件，这也是一个主要的前提条件，代表着假设知道的主体的转移这一假设的陨落。当转移的假象，以及随之而来的渴望不再可靠时，这种变化怎么可能不带来某些情感呢？

哀　悼

在拉康之前，巴林特和克莱因都提出过哀悼的理论，即哀悼终结了这种失望。拉康也采用了这一理论。直到《1967 年 10 月 9 日给学派分析家的提议》（1972 年《眩晕》中充满了许多这篇文章中的观点），拉康的情感理论才联系到了分析结束的问题，尽管这一理论是以他自己的结构性术语阐述的，但这一理论还是在一定程度上融合了巴林特和克莱因的理论。然而，当他在 1976 年写下《第十一讨论班英文版序言》，也就是提出了实在无意识之后，他的理论更进了一步，即发展出了他自己的一个全新观点，这个观点甚至对他自己而言也是全新的，这个观点也就是涉及分析结束时的情感特征。

在《1967 年 10 月 9 日给学派分析家的提议》中，拉康指出，通向成为分析家的道路的最终阶段，即通关的转向（virage de passe）阶段，联系着"抑郁心位"。在《眩晕》中，拉康讨论了巴林特所说的躁狂-抑郁情绪，这种情绪是分析最后阶段的特征。此外，只要拉康在分析结束时提到巴林特，都是为了批判巴林特将转移理解成双元的。但是在《眩晕》中，拉康有了不同的说法。对于躁狂-抑郁情绪，拉康说道："这是一种躁狂式的狂喜，巴林特并没有理解它，但他描述得很好……接着，哀悼就结束了。"[1] 那是对什么的哀悼呢？在分析中失去的到底是什么呢？答案其实涉及精神分析这一概念本身。这并不是一种对于治疗的期待的哀悼，相反，这是一种在转移中实现的哀悼，这种哀悼产生了一种"实质性"的治疗效果，这种效果会影响主体相对于享乐的迷雾的位置。这并不是一种像巴林特所理解的自恋的恍惚状态，而是一种与客体的关系，这是对分析家的哀悼，即分析家不再是一个假设知道的主体，而是被缩减为客体 a，在语言符号中、在身体想象中、在实在的言在主体中都丧失的客体，换言之，这个客体导致了欲望，却无法填补欲望，这个客体无法被言说或想象，但是它仍旧起作用。然而，不论我们如何构想这个客体，抑郁阶段仍旧不是分析的最终阶段。此外，"哀悼"这一术语依然很重要，因为哀悼显然是有一个终点的，在这个终点之后，我们就不会再有抑郁情绪了。因此，后者并不是这个僵局的终点，而是终点之前的阶段。哀悼是可以通向终点的之前的部分；哀悼可以带领我们走向别处，超越终点之墙，找到弗洛伊德那个僵局的出路。一段分析可以带来抑郁性满足，但是这并不是最终的情感。

---

[1] J. Lacan，«L'étourdit»，*Scilicet 4*，*op. cit.*，p.44.

正性治疗反应

分析的终点是病人获得某种满足，这一观点不仅仅可以追溯到拉康晚期的工作。我们可以看到，这一观点其实开始于《言语和语言的功能及领域》。甚至拉康很早就认为，分析家的职责是要满足分析者，但这种满足区别于对"不能失望"① 的欲望的满足。在 1976 年，拉康最终提到了"提供满足的迫切性，标志着分析的结束"。

但是，拉康并非用同一种方式理解这种结束时的满足，随着拉康在结构性阐述方面的发展，这个满足的定义也一直在变化，这些定义并不都是在同一个层面，但是它们都涉及一种"和解"，所有这些定义都带来了一种新的主体性选择的维度，上述文章的结尾都在考虑分析的伦理平衡。分析结束时，主体性的选择所带来的后果，也就是一种并非结构性，而是伦理性选择带来的后果，早已被弗洛伊德所认识到了。但是弗洛伊德只是注意到其在主体身上的负性方面——负性治疗反应以及分析结束时的僵局——即最终主体固执地拒绝已经获得或已经发现的内容。我们可以毫不过分地说，相反，拉康认为，分析经验的结束伴随着我所谓的一种"正性治疗反应"，这种反应可以被定义为一种"赞同"，即便这是一种对结构负面的赞同。根据上述文章的说法，这里的重点是接受拥有石祖或接受石祖

---

① J. Lacan，«La direction de la cure»，*Écrits*，*op. cit.*，p.595.

被剥夺，赞同阉割这一礼物，赞同客体的解体，赞同不可能性，最终赞同在意义之外的实在的症状。

事实上，《言语和语言的功能及领域》一文不同于拉康的其他文章。分析的结束在主体和大他者的关系中回应了（构成性的）"实言"，这一观点并不涉及结构上的负性方面，尽管拉康在此引用了"向死而生"的说法。此外，这一观点依然在社会联结方面，而不是一种最终的孤独，因为"分析结束的辩证也就是那样一个时刻，此时主体的满足得以实现，即每个人的满足，也就是在人类事业中与主体联系的每一个人"①。我们可以看到，这一说法和"分散的、不和谐的主体"（épars désassortis）这一说法之间的区别，而后者是在1976年《第十一讨论班英文版序言》中提出的。正是从《治疗的方向》一文开始，拉康把"结构性的负性"放在了主体问题的核心，并且提出了一些解决办法，即……接纳。接纳什么呢？接纳这些结构性的负性，这也是在他的教学过程中逐渐发现的：《治疗的方向》和《主体的颠覆与欲望的辩证》中石祖和阉割的负性；《对丹尼尔·拉加什报告的评论》中的"欲望的来临"；《无意识的位置》（Position de l'inconscient）中仿像和享乐之间性欲的分离；《1967年10月9日给学派分析家的提议》中带有匮乏的存在者，《电台》和

---

① J. Lacan, «Fonction et champ de la parole et du langage», *Écrits*, *op. cit.*, p.321.

《眩晕》中的"不可能性";最后一篇序言中提到的在意义之外的实在和真相的幻影。

在上述各种说法中，我们都能找到一个共通的点：分析揭示或揭露了命运的结构性效果——我们存在的缺失、阉割、"主体的罢免"、不可能的关系、不应该存在的享乐等，这些都是一些相对于转移中的期待的负面效果，也就是精神分析所确认的我们所谓的"实在"。但这并没有排除一些正面的效果，即幻想或症状带来的享乐，可以确诊的是，这些享乐具有一种不可化约的功能，即对那种失去的关系的补充。为此，我们无疑可以承认一种在分析结束时所获得的知识，正如拉康所说，这是一种"主体确信他就是知道"[①]的知识，即主体知道各种形式中的不可能，也知道那就是最终无法被治愈的部分。我们在此可以看到分析者在分析中的轨迹：最初，主体遭受着一种无意识知识之苦，但是分析者并不知道它；接着分析者希望消除它；最终他抓住了它，并且知道那是不可能消除的。这就是一段分析所带来的一种出乎意料的揭示。在这个揭示的过程中，我们总是会发现一部分治疗的效果，也就是让人满足的部分。但是，这是对什么的满足呢？

要说这是一种赞同或同意，那么我们就必须说到一个本质上并

---

① J. Lacan，«L'étourdit»，*Scilicet 4*，*op. cit.*，p.44.

非认识方面的元素，也就是这个元素在对无意识的压抑和抗拒（比如"我不想对它有所认识"）中起作用：这种抗拒就是一个存在者对他的发现的一种回应；这是一种私密的、根本性的、伦理性的选择，这种选择定义了存在者自己，就如同无意识知识的定义一样。那么一个问题出现了：一方面是对无意识的揭露，另一方面是存在者对这种揭露的回应（抗拒），在分析结束时，哪一者更占主导呢？弗洛伊德在《可终止和不可终止的分析》一文中提到了这个问题，这篇文章最后的一些说法就体现了这个问题。弗洛伊德在那里谈到了对于阉割或"潜在岩床"的抗拒，他说："我们只能如此聊以慰藉，即我们的确已经给了分析者一切可能的鼓励，让他重新审视并改变他的态度。"[1] 这也就是说，这堵南墙并不仅仅取决于（阉割）这一岩床。

带来满足之物

那么，分析的结束怎么会带来满足呢？知识会自动带来满足，产生某种可以期待的"变化"[2]，还是说（分析者）赞同了这些结果——及时出现的，因为"需要时间"[3] 来适应这种结果——这种结

[1] S. Freud, «Analyse avec fin et analyse sans fin», *Résultats*, *idées*, *problèmes*, II, Paris, PUF, 1985, p.268.

[2] J. Lacan, «Proposition…», *Scilicet 1*, Paris, Le Seuil, 1968, p.26.

[3] J. Lacan, «Radiophonie», *Scilicet 2-3*, *op. cit.*, p.78.

果带来了分析者相对于实在的新位置？拉康从未停止对这个问题的探索，而他所创造的"通过"过程也就是旨在验证自己的假设。

知识可治愈

拉康探索了好几条道路：首先，他认为，某种知识可以治愈。在此，我们谈论的是分析过程中产生的知识所带来的效果和影响。人们总是急于将认识和治愈对立起来，但是某种认识是可以治愈的，某种治愈也是可以带来一些认识的。不论是认识到我的存在只是一种知识之中的间隙里的废物客体（objet rebut），还是说这是一种对性关系失败的知识，两种情况中都呈现出了一种不可能性，这种不可能性本身就是一个出路，但这是一种想象性的无能为力的出路。正是由于认识到有一些部分是不可能解决（治愈）的，我们才能消解转移带来的期待之苦。我们从这种期待的挫败开始，走到了一种不可能性之上，而这一过程本身就是一条出路。只要善言（Le bien-dire）——这并不等同于说好话或者说漂亮话——能让我们认识到，有些东西就是不可能的，这就会带来满足。当然，这个结论并不能满足我们的期待。相反，这个结论常常让我们失望。然而正是因此，这个结论可以治愈多种无力感：失望、失败感……即"罪疚感"，甚至是恐惧感。这一结论会影响要求的反复，在要求的结构中带来一种转变（拉康在《眩晕》中的探索），因为我们无法对实在有任何要求，正如"知道自己只是客体"代表着主体的罢免，（主体的罢免）这个词的感人之处也不会欺骗我们："这带来了存在。"主体的罢免"并不是创造了某种去存在（désêtre）；相反，它构成了强烈而独一无二的存在"[1]。这可以治愈主体的缺失的存在，将主体带出那些疑惑和怀疑，后者正是神经症的伤口。至于这位分析家同伴，他会"消失，仅仅变成一种对于某个溜走的存在者的空洞知识"[2]。在这个意义上，治疗的效果是"实质性的"，也就是说，这种效果确实可以触及享乐，这也就是分析中唯一的实质；这种实质会在分析结束时来临，这也就是结束的效果。

情感的转换

至于"正性治疗反应"，我们可以看到，其中的"赞同"更多地取决于主体而非结构。这在各种情况中都是如此，因为这会终结主体的请求。在这种请求结束很长时间之后，一种舒缓感就会出现。这也就是《1967年10月9日给学派分析家的提议》中提到的一种平和；《眩晕》中提到的结束时的哀悼；《意大利笔记》中提到的热情，这种热情还不只是一种赞同；拉康在美国的讲座中提到的"开

---

① J. Lacan，«Discours à l'EFP»，*Scilicet 2-3*，*op. cit.*，p.21
② J. Lacan，«Proposition sur le psychanalyste de l'École»，*Scilicet 1*，*op. cit.*，p.26.

心地活着"，尽管无意识带给了我们命运；最终也就是《第十一讨论班英文版序言》中提到的某种特殊的阉割。

"正性治疗反应"的本质和情感意味是多变的。在创造出"通过"这一体制时，拉康确证了这些情感意味。这些意味的涵盖范围从一种面对不可避免之物的放弃，直到一种由恐惧转化而来的热情，也就是《意大利笔记》中提到的那种热情。无论如何，它都带来了一种强烈的欲望，这就是分析家的欲望。也就是说，它必须对分析家的行为产生影响，因此正如拉康所言，它是一种对分析家生活方式的真正质询。在这种条件下，当然我们也不能像某些人一样去想象，弗洛伊德那种布尔乔亚式的生活就完全排除了某种颠覆性的欲望，或者反抗布尔乔亚式的生活准则就一定是一种解放的欲望。分析家的欲望既不是一种支持，也不是反对，它是某种别的东西。

那么，这种满足的主要动力是什么呢？这种满足的出现离不开某些知识的获得，但是这个知识获得的过程会自动产生这种满足，还是说，这种满足只是个体差异的偶然性？《1967 年 10 月 9 日给学派分析家的提议》似乎清晰地表示了，罢免的主体是一种被转换的、不可驯服的主体，在这种主体面前，转向（virage）成为分析家的可能性出现了。此外，弗洛伊德也曾经提出了一个问题，是否存在某种只能由分析带来的主体状态。我们可以总结说，完全分析所带来的不只是一个接受过分析的主体，还有一个潜在的分析家，一个有着精神分析行动能力的分析家，不论这位分析家是否要去从业。这一观点在拉康派中曾经广为流传。

尽管拉康在某种程度上认同这一观点，但他后来依然改变了想法。要成为一个分析家，仅仅接受过分析是不够的；还有一些其他必备的条件，也就是一种立场或姿态，这并不是每一段分析都会产生的。拉康在《意大利笔记》中讨论了这一点及其对"通过"产生的影响：倘若（分析者）分辨出其"知道的恐惧"后并没有产生一种热情，那么拉康会说，"让这个人还是回头去做他所珍爱的研究吧"。换言之，他就不会成为学派分析家。这一点就是对结束的分析和分析家的分析的区分。其实，这一点早就出现在"巴黎弗洛伊德学院讲座"中了，但是当时似乎没有任何人注意到这一点。当时拉康就说："非分析家并不意味着没有接受过分析。"[1] 拉康反对一切将分析家的欲望心理学化的尝试，这种尝试代表着，将这一欲望赋予特定的属性，他当时强调，我们只能在分析的行动中定位分析家的欲望。我们可以看到，倘若创造出学派分析家的必要条件是这种恐惧到热情的转化，那么"通过"流程就必须得到改变。这个流程就不再只看分析是否结束，是否分析产生了一个"知道成了一个拒绝"（这也就是分析知识的终点）的受分析的主体，而是要根据这种知识

---

[1]　J. Lacan，«Discours à l'EFP»，*Scilicet 2-3*，*op. cit.*，p.19.

产生的情感效果做出选择："倘若分析者没有获得这种热情，他可能很好地完成了分析，但是他是没有机会成为分析家的。"①

当你面对某种超越你的超验的东西，能够否决你作为一个主体的东西，这时候产生的情感就会抓住你的热情；在此我并不是指某种神圣的情感。那么这种情感取决于什么呢？它并不取决于结构，而是取决于存在者某种超乎预料的回应。从他者的角度来看，这可能是一种沉闷的放弃，一种阴郁心态、愤怒，甚至是拉康所提到过的——憎恶。热情这一情感是维持分析家的欲望的必备条件，因为这是一种非常奇怪的欲望，它可以推动那个他者，即分析者去碰撞那个超过他的实在，那个分析者宁愿什么都不知道的实在。这是一种多么奇特的对友邻的爱呀！为了让这种欲望不受质疑，分析家必须非常确信，分析最终是可以获益的。倘若这种确信并不是来自他自己的分析，还能来自何处呢？因为他自己的分析可以展示出，转移中的无力感是可以被减轻的。

要让这种热情变成"某人成为分析家"的一个必要指标，那么情感就必须在理论上具有一种新的功能。于是，一种"教学性情感"（比如焦虑和神秘情感）的概念已经具有新颖性了，因此我们可以看到拉康这里的某种悖论。难道不正是他出于结构的视角提到过，在

---

① 　J. Lacan，«Note italienne»，*Autres écrits*，*op. cit.*，p.309.

分析中无意识要提供一个难以言喻的答案吗？但是有什么比神秘情感更难以言喻的呢？比起认识上的结论——拉康在《1967年10月9日给学派分析家的提议》中提到的"解决"等式——甚至比起他创造的（分析结束时的）"创造性结论"——这个说法在拉康派里一度非常流行——还有什么是更加难以言喻的呢？的确，阿基米德在知识层面的"灵光乍现"可以带来情感，尤其是一种成功的情感；这一点不言而喻。而且，当这种灵光乍现的时刻出现时，我们可以收获一种知识的灵光，但作为一种附加属性的情感效果却被遗忘了。相反，要让一种热情——超出了所获得的知识——成为分析家的标志，这意味着，知识层面上的灵光乍现的时刻是不足够的；这也意味着，热情被忽视了，"存在的晦暗抉择"中那种偶然性就有最崇高的地位。换言之，分析家的欲望——或许很罕见，这种欲望区别于分析家这个存在者的欲望，后者的欲望很常见——并不存在于每一个接受过分析的人身上。

"通过"的情感

我现在要转向去讨论拉康在《第十一讨论班英文版序言》中引入的新的发展，以及他当时引入"满足"的意义。这些理论发展都是拉康关于焦虑和神秘情感的阐述的一部分，而这两种情感都是一种揭示的表现。拉康于此文中再次在"通过"层面应用了我所谓的"情感的证明"这一说法，但是这种证明被涵盖到了新的波罗米结图示中，后者联系着实在无意识这一概念。

实在和真相

"实在无意识"这一术语其实有点模棱两可，就如同"实在"这一术语本身一样。倘若我们想要把拉康所谓的无意识的实在方面与在符号界之外的实在相区别（前者被定义为无法用语言说出或写出的那一面，也就是一个丧失的客体或两性享乐之间的关系；后者实际上在意义之外，后者激发出焦虑，并且定位了症状那晦暗不明的享乐），那么上述模棱两可就可以被澄清。

实在无意识的定义是在意义之外，这种无意识并不是假设的知识，而是一种显在知识。它在分析之外或之前存在，能够展现为一种"突然"或"顿悟",也就是我之前提到的"字质性",它覆盖从口误到症状的一系列形式,包括梦、双关等。这些"突然"本身借助了实在的啦啦语及其模糊的意义,也呈现为实在;它们与日常意义相对立,因此精神分析的敌人常常认为它们没有任何价值。而在精神分析中,由于弗洛伊德的发现具有的回溯性效果,这些无意识被视为一种真相的形式,也就是拉康所说的"作为原因之真相"的形式。就像每一位分析者都会构建其真相式的虚构:他自己的人生小故事,分析者会把这些故事转化到符号的层面,并且赋予它们意义,这个过程就伴随着所谓的享-义。这也就是弗洛伊德留给我们的遗产。他独自一人发现了无意识的这种字质性,而且他的整个事业都在于把这种字质性转化为一种具有意义的符号无意识。我们可以看看他从《梦的解析》开始的那些早期文献:他向我们解释了那台解析真相的机器的运作规则,换言之,无意识像语言一样被结构,因此它就可以通过"凝缩"和"移置"而产生意义。无疑,就像拉康所说的,尽管弗洛伊德那"对真相的爱恋"将弗洛伊德带向了分析结束时的僵局,但是我们仍然要向他表示敬意:当弗洛伊德遭遇那些抗拒意义的事物(强迫性重复)时,他并不像很多他同时代的人那样,拒绝去认识这些事物。

而拉康在 1976 年的《第十一讨论班英文版序言》中指出,在转移空间里,意义的产生这一过程意味着,知识是有一个主体的,而在这个过程的最后阶段，必然会出现一次返回，即离开"意义的意味"（la portée de sens）返回到意义之外。进入分析是一个从实在开始的时刻，进入分析后则来到符号界，符号联系着作为真相的无意识，因此最终会有一个对实在的返回。那么这种返回代表着一种实在的知识吗？根据定义，实在并不能被认识，我们无法预测实在，但是这让我们明白一点，实在中存在着知识，也就是实在的生命体身上，那些在意义之外的啦啦语知识。

我在前文中已经提到了啦啦语，我觉得有必要指出，严格地说，字质性并不仅仅局限于实在无意识。我们处理实在无意识，并不是意味着，我们从无意识中遇到词语，只要我们还在解析，我们就会遇到词语。无意识无论如何都是由啦啦语的元素构成的，这些元素从音节到整段言语，但是当这些语词不再具有某种意义层面的重要性时，我们才处理实在无意识。此外，从真相的无意识过渡到实在无意识，这个过程也跟啦啦语的同样元素有关，不论我们处理的是口误还是与症状相关的能指。这一点在口误的情况中非常明显，某个无意间说出的词语在这个过程中一直保持不变：它就在意义之外。因此它通过构造真相式的虚构而获得了意义；在意义的产生这一过程最后，这个口误就会回到一种意义之外的享乐。另一方面，与症状有关的词语必须得到解析，并且这些词语在一系列词语的替代的最后，它们本身才能揭露出意义；但这也符合同一个过程。我们假设这种顿悟的知识中存在着一个主体，也就等同于假设，分析者所追寻的意义是可能的。

因此，我们并不是在字质性的层面去区分实在中的能指和真相及意义链条中的能指，前者在意义和能指链之外。那么意义的重要性，或者意义的逃离依赖于什么呢？它并不是依赖于无意识本身，也不是依赖于没有主体的知识，而是依赖于其身体受到无意识影响的主体本身。当主体构造能指链来"创造"意义时，意义这一层面就有了某种重要性，而主体创造意义，知识因为这种意义是可以被享乐的，是可以带来满足的。那么在什么方面带来满足？这种意义可以在符号和想象之间带来主体化，并且建构出主体，将主体生命中的沉浮转变为"历史"；相反，实在罢免了主体，它甚至比客体更极端地罢免了主体。事实上，我们可以无止境地为任何东西赋予意义；意义产生的过程本质上是没有终点的。一个已然得到分析的梦，一个意义明显被穷尽的梦，只要人们还想在上面获得新的意义，那么它就可以再次被分析。因此，逃离意义的获取也就是逃离创造意义过程中的享乐，这种逃离就会带来情感上的转变。根据拉康在1976年的《第十一讨论班英文版序言》，也正是在此，我们可以瞥见实在无意识，这可以让我们区分有关意义的情感与逃离意义的情感，前者是转移性的并且依赖于真相，后者与实在相关。

因此，实在无意识并不需要取代作为真相的无意识，后者透过真相的半说而在转移中被阐述出来。它处在拉康所谓的转移的"空间"里，这个空间也就是一个产生意义的地点，它最终会带来我所谓的幻想的独-意义（sens unique）。在《第十一讨论班英文版序言》中，当然拉康并没有谈到欲望，也没有谈到幻想；反而他谈到的是"真相"和"实在"这两个术语。但是在真相的半说中，在主体那注明的"癔症化"中，如果不是欲望，不是维持着欲望的幻想以及随之而来的"享-义"的享乐，那么到底是什么被说了出来？

反数学式的

与真相有关的情感都可以在转移中得到释放，这些情感我在上文已经提到了。我们热爱朝向真相的旅途，因为这趟旅途可以让我们安心，可以带给我们那些小小的发现。但是，真相也是"无能感的姐妹"；它永远不是完整的，永远只能被半说。当然，我们可以说出一些真相，但是那种完整的真相是不存在的，因此失望是一定的，完整的真相只是一种不可能得到的虚幻。更糟糕的是，真相也会说谎。这并不意味着如拉康经常说的，谎言和真相构成了同一个维度，也不是说，像"我在说谎"这样的话是通向言说真相的道路，而是说，根据定义，真相就是指向一个必然会忽视真相的实在。我不能说"有关实在的真相"，我要么处在真相的语言空间，要么处在实在无意识中，但不可能同时处在两者中。

当我们不再有任何如拉康所言"意义层面的内容时，我们就知道了它，知道了自己"，那么我们就处在无意识当中了。我已经强调过这个"自己"，这意味着其他任何人都不会知道它，因此分析家也不知道，"通过"制度中任何的评审者也不知道。知识的"字质性"本身是可以传递的，但是我们要知道，意义之外的那种不可知的享乐是无法传递的。被定义为"逃离意义"的那种无意识是"反数学式的"。这种无意识也无法被展示出来；它只能在意义的消失或跌落中与我们相遇，于是我们可以说它"落入了压力中"。倘若我们想验证实在无意识或者想抓住它，那么我们就要去关注它，那我们也就离开了它；因为关注又会重新打开创造意义的空间。换言之，只有当我们不再思考实在无意识时，我们才在实在无意识中。我们可以把拉康在"巴黎弗洛伊德学院讲座"中对欲望的一部分说法运用到实在无意识中：实在无意识是一个地点，"我们出现在此，意味着我们离开此，而寻找好处"①。但是，这种离开是一种特定的离开，这是一种借助关注的离开，也就是我们思考时的离开；它代表着回到了分析者的道路上，分析者再次打开了转移无意识的空间。因此，离开真相，而去让自己处在无意识中，这是毫无问题的。我们可以处在实在无意识中，也可以作为言在主体，作为症状中不思的享乐

---

① J. Lacan, «Discours à l'EFP», *Scilicet 2-3*, *op. cit.*, p.14.

（"这种享乐是模糊的，因为它排除了意义"① ）的存在者而处在其中，但是我们已不能再作为言说着的真相之主体而找到自身了。

于是，我们可以提出问题，与言在主体意义之外的实在相对应的是哪种情感呢？正如拉康所言，"那里没有任何亲缘之物可以支撑这种无意识"②。对假设的知识之爱，也就是转移，这种爱并不会因为与实在无意识知识之亲缘性而被消除。此外，焦虑总是对应着症状中最为实在的部分，这一部分可以让我解体，这代表着，焦虑如同客体一样，抗拒着真相，而真相用其一切虚构顽强抵抗着实在。在这个意义上，真相可以令人失望，但绝不会引起焦虑。而由"无性关系"构成的实在所带来的一种可以展现出来的情感，就是一种无能感。这就是为何分析可以矛盾性地消除这种无力感。如果实在可以呈现为（尤其在症状中）一种意义之外的享乐的"顿悟"，那么与这种实在的享乐相对应的情感，除了焦虑之外还有什么呢？

那么，这在两个方面（一方面是分析产生的效果，一方面涉及"通过"制度对分析的验证），给"通过"带来的结果是什么样的呢？拉康并没有说，我们冒险去"通过"是为了验证实在的存在。他为什么不说呢？因为我们无法验证实在无意识；只要我们开始阐

---

① J. Lacan，«Joyce，le symptôme II»，*Joyce avec Lacan*，*op. cit.*，p.14.
② J. Lacan，«Préface à l'édition anglaise du *Séminaire XI*»，*Autres écrits*，*op. cit.*，p.571.

述，我们的验证被阐述出来，我们就"最多验证那种说谎的真相"；我们就再一次历史化了，但是这一次，我们历史化了分析以及伴随而来的意义享乐。当意义享乐消失之后，我们就不再能验证什么了。

倘若只有当意义消失时，我才处在实在的无意识中，而且只有我知道这种无意识，那么我们难道不是处在无意识的边缘，这种无意识不仅忽视了逻辑，也忽视了某种真实性？这一点恰恰就是拉康所谈论的实在："它就是对一切真实性的悖反。"[①]换言之，这种实在超越了意义，它不需要言说；此外，真相本身也绝不是共有的，也完全不是精准的，但是实在超越了主体性的真相。这代表着拉康在《第十一讨论班英文版序言》中思想的创新，这种创新一方面是相较于弗洛伊德的思想，另一方面也是相较于拉康在 1967 年的思想。

我认为，这意味着两件事情：实在并不来源于所谓的真相；换言之，历史化，即我与大他者之间关系的那些小历史并不能固化我的享乐，反过来，我的真相也不能由那些符号之外的实在所解释。诚然，在《眩晕》中，拉康提到了实在对"真相"的规定[②]，但是他在那里说的是一种逻辑上的实在，这种实在对应着性关系的不可能，这种实在实际上是对幻想的真相的一个补充。而当我们提到意义之

---

①　J. Lacan，«Préface à l'édition anglaise du *Séminaire XI*»，*Autres écrits*，*op. cit.*，p.573.

②　J. Lacan，«L'étourdit»，*Scilicet 4*，*op. cit.*，p.9.

外的实在时，情况并非如此；后者只是通过享乐的实在固化，而成了真相中那些缺口上的"塞子"。比如说，我们可以看到，弗洛伊德的一个病人需要一位女士鼻子上的闪光以唤醒他自己的力比多。弗洛伊德发现，这个小细节如此强烈是因为这位病人自己是个双语者，因为英语中的"去看"（to glance）在他说的另一种语言（德语）中的意思是"闪光"（glanz）。这个我们所谓的"倒错特征"的情欲条件也就是被这种跨语言的语音相似性固化下来的，这种语音相似性清楚地指示了啦啦语的影响，但是并没有体现出他幻想的真相。

真相带来了一个假设，即客体是缺失的，正是这个客体使得我们说话，但是这种说话只能是半说，于是真相中的缺失就只能被客体以其虚构来补充。但是，我要引用一句话："缺失的缺失创造了实在，实在在此呈现为塞子。"① 事实上，在实在中，既没有了意义，也没有了主体，因此也就没有了缺失。比如说，字母就等同于自身，它没有额外的意义，也没有任何缺失，它仅仅就是症状中享乐留下的效果。

实在是个塞子，这个说法意味着把实在放到了波罗米结的结构中看待。既然有塞子，那么就总有一些洞。拉康很早就谈到了症状性的形式包裹和客体 a 的想象包裹，即形象让客体 a 成了一个缝合

---

① J. Lacan, «Préface à l'édition anglaise du *Séminaire XI*», *Autres écrits*, *op. cit.*, p.573.

点。症状的形式包裹意味着某种可以被解析的能指结构。而治疗的效果总是处在这种形式包裹的层面，正如鼠人个案强迫症的减轻。但是，所谓的包裹也就意味着有被包裹之物。那么被包裹之物是什么呢？首先，无疑就是阉割带来的享乐的缺失。我们要注意，在波罗米结中，缺失的客体 a 也被安置在了实在那个圈中，它也就成了语言最初的效果。在这种被洞穿的实在中，焦虑喷涌了出来，然而一种可以固化享乐的塞子也出现了，它也就是对语词固化，拉康有时称之为字母，它来自言在最私密的啦啦语，也就是症状的啦啦语，此外拉康还对此有另一种表达，即他用以描述焦虑的表达——"缺失的缺失"。除此之外，我对这种塞子的另一种了解是，它是一种假设性的"钻研"，如果说分析中的解释是诗化的，那么我就无法测定，无法确保解释会产生什么效果。那么，对于这个实在的"塞子"，除了我所强调的它的怀疑论的方面，它在一段分析中以及分析结束时还有什么功能吗？

一种从不欺骗的满足

那么是什么能够证明，分析者抓住了实在无意识，而这种无意识逃离了主体，也无法被传递？是什么能证明，这种无法被知晓的东西，以知识的形式被揭示了呢？倘若我们不想陷入那种比不知更为糟糕的秘传法门中，而这种秘传也是一种实在的秘传，那么我们就必须有一个证明。拉康显然并没有在这篇文章中提到分析家的欲望的出现，甚至没有提到转变的时刻。他只是给出了两个说法。一是分析的结束，也就是终结真相的幻象。二是在这个过程（"通过"）中，问题就在于要证明那个谎言般的真相；然而在 1967 年，这个问题在于证明分析者所获得的知识，这个知识就是有关欲望和知识的缺失。

那么，我们如何知道，尽管真相的半说并没有影响到任何人，但真相在其半说之外却说了谎呢？

在话语中，其实真相的半说与某种实在有关，因为半说与语言的不可能性紧密相连：在此词汇总是缺乏的。在这个方面，也就是我们在这里提到的，无法被写出的实在。正是在这个基础上，拉康在《1967 年 10 月 9 日给学派分析家的提议》和《眩晕》中，将分析的结束定义为一种不可能性的呈现。

但是，我们怎么知道，真相不仅仅是非全的，而且还说谎，因而它完全成了另一种东西呢？只有我们触碰到不会说谎的东西——实在，我们才知道真相在说谎，因为很简单，实在不说话，它显示的就等同于它自己，尽管它也来自啦啦语，但是它就是缺失的缺失。只有当我们穿越了意义的跌落、张力的跌落的时刻，走向实在的幻象时，我们才能触碰到实在。要说我们感觉到了实在，即那种意义之外的实在，这种说法什么都不能证明，就如同欲望和行动方面的意义，考虑这种实在同样是一种疑难。然而，我们可以间接证明这种实在，即借助于一种满足感的转变，这种转变就具有一种结论的意义。

"真相的幻象，我们对此的期待只有谎言……它的终点只是一种满足，这种满足标志着分析的结束。"① 在分析中，意义和对意义的享乐，减弱了这种由意义之外的享乐构成的实在的价值；但是为了让分析有一个终点，拉康在这篇文章（1976年的《第十一讨论班英文版序言》）中认为，这种实在必须反过来构成对真相之爱的障碍。这种转变出现在"曾经"（à l'usage），这种曾经正是某个转折或者某个一瞬的反面，它代表了一段长的实践，也就是真相和实在之间的摇摆，对意义的追寻和意义的破灭之间的摇摆，这种摇摆在分析过程中反复重复。这种标志着分析结束的满足，只有一种定义，即它可以终结另一种满足，后者是满足于真相的幻象。因此，这是一种满足感的转变，是那种支撑着分析过程的满足感的终结。这种转变的结果并不是自动出现的，它只是一种可能性。此外，它也对应着每一种"独特性"。因此，我们可以撇开它的功能方面，而给它做出另一种一般性的定义：它可以终结与真相有关的爱。也就是说，分析者不再相信假设知道的主体，分析者离开了转移的假设，他抓住了那个没有主体的知识，也就是实在。这种幻象的终结意味着，实

---

① J. Lacan，«Préface à l'édition anglaise du *Séminaire XI*»，*Autres écrits*，*op. cit.*，p.572.

在被捕捉到了，更准确地说，在转移中对实在的否认完全停止了。这种"通过"准确地说并不是"通过"到了实在无意识，我们无法待在这种无意识中，但是这是一种与实在无意识有关的"通过"，或者更准确地说，这是借助实在无意识的"通过"。这种"通过"并不是借助"欢欣的知识"而带来终结，因为对解析的享乐并没有终点，同样逃离意义也没有终点；相反，这是一种解析的退场。只有透过力比多的移置，这种"通过"才能显示出来。

我将之称为：结论性的满足。

我在此的意思是，这种满足不只是一种结论的标志：它也是一个位置，也就是说它代表着结论本身。这种满足标志着分析的终点，一个并非被叙述出来的结论，而是由享乐中的机缘构成的终点。我们可以想象一下，假设我借助"通过"而拿到了拉康给予的准许，并且验证了我自己的经验：我当然之后可以说，是什么让我进入了分析，我在与大他者的关系中认识到真相时经历了怎样的步骤，我症状中哪些部分是可以改变的，哪些部分是无法改变的，在这场分析冒险中，我又抓住了哪些关于分析家功能的内容。但是，谁能说，我就终结了这种幻象呢？我无疑可以说，我相信自己成为症状中那个"一"的化身，因此我所说的一切都只是啦啦语的效果，但是这种"顿悟"不只是一种辞说，而是一种拉康所谓的"假设"。我也可以说，我体验到了意义跌落的时刻，我遇到了假设知道主体的完结点，因此我"曾经就在"无意识中。事实上，"我自己知道"，但是我是唯一一个知道的人，如果不回到说谎的真相中，我没法验证这一点。但是，既然"这种真相的幻象并没有其他终点，只有满足感标志着结束"，那么这种满足感就能向我证明。

但是谁能说，这种满足是真诚的呢，因为这种满足只能成为一种"向通过者兜售的花言巧语"①。当然，我们必须要借助拉康在1967年提到的最终的"抑郁心位"来描述这种满足：我们不可能"假装在这种状态，而实际上我们不在这种状态"②，这就是为什么我们需要一个"通过者"来裁定这种满足感是否存在。只有一个"通过者"自己也离这种状态不远了，即便他可能还在真相与实在的泥沼中挣扎，即一个我们可以说是处在哀悼中的"通过者"，才能……认识到这种满足。我用"认识"这个词是为了指出认识与爱的同源性，倘若我们相信拉康的说法，那么爱就是一种认识，这种认识基于一些神秘的信号，也就是一些与主体相对于无意识的位置相关联的情感。

这构成了一个视角方面的极度转变，这种转变在精神分析中也是独特的，也是把情感的证明推向了极致。我们可以看到，这一点

---

① J. Lacan, «Proposition sur le psychanalyste de l'École», *Scilicet 1*, *op. cit.*, p.26.
② J. Lacan, «Discours à l'EFP», *Scilicet 2-3*, *op. cit.*, p.21.

甚至不同于拉康 1973 年在《意大利笔记》中的说法。在后者中，他强调的是，当一个人认识到其"知道的战栗"的原因后就可能体验到一种热情，但是这种热情本身不能证明，这个人认识到了这种"战栗"。"通过"必须是真诚的，正如拉康在《1967 年 10 月 9 日给学派分析家的提议》中提到的那样。然而，正是在知识的传递失败之处，我们才会有某种"真诚性"。1967 年，拉康论述的重点变成了知识中的洞，客体也就在这个洞里。此处的重点就在于与实在中的知识相关联的情感，这种享乐的知识是在意义之外的 ①，但是它也是无法被传递的，享乐的知识和意义之外的知识都不能传递。这些情感涵盖了从焦虑到幻象退场后的满足，中间还包括了与转移中修通的部分相关的所有类型的情感，而这种修通也就代表着这些情感的终结。这种理论上的转变意味着，理论的重心放在了符号之外的实在上，这种实在也就是生命体的场域，它是由冲动和症状中的啦啦语所标记的，但是它并不违背一点，即我可以确切地认识或谈论它。然而事实上，它会影响我，这一点不会说谎。

满足的义务

正如拉康所言，"分析所具有的紧迫性"就是要创造出满足感。

---

① 参见 p.107 et s., la section intitulée «L'énigme du savoir»。

为什么拉康说这一持续了相当长时间的辞说（精神分析辞说）具有紧迫性？这种说法可不是讽刺；如果没有这种满足感，分析只会让分析者陷入分析结束阶段的痛苦和僵局（这一点在拉康之前早已被人提出，而且拉康在《治疗的方向》中也有所指出）。而这种僵局就悬置在失望和焦虑之间，真相之幻象的那种无力维系着它的存在，另一种维系的力量就是惊恐战栗，即对那种超越主体的实在的战栗。因此分析家的责任在于，不能任由分析者徒劳地摇摆在转移性的期待和失败之间，不能让分析的主要治疗效果被夺走，这种效果也就是最终的效果。

那么某次行动可以推动某人走向那个不可能的解决办法吗，尽管这个解决办法值得怀疑？分析家此时需要听从欲望的召唤去给出答案，也正是这种欲望激发他从事这一行，因为"给出的答案先行于请求"。在此我们怎么能看不到，拉康与那个已经认准了这一"不可能的解决办法"的弗洛伊德的对话仍在继续。一个人敢于给另一个人做分析，那么他不应该坚持走下去，乃至于超越分析者自身"对于真相的爱恋"，并确定可以去满足这种紧迫性？然而，正如拉康所言，"除非我们可以重视这种满足"，否则我们对此就无法确定，即便说谎的真相和非主体化的实在这两座大山摆在我们面前。倘若我们没有在自己的分析中，或者至少在我们所指引的几段分析中体验到这种满足，我们又如何能重视它？

因此，我们可以得出结论：倘若一个人没有在自己的经验中感受到这种塞子般的实在（没有这种实在，真相的幻象就不会终止），那么这个人就不能成为分析家；幻象不会终止也就意味着："假设知道的主体这一推论"还没有终止，而这种推论"正是无意识所废除的"①。这回答了"通过"制度中出现的问题："一个人如何让自己全心全意去满足那些紧迫的情况？"

于是，我们可以对分析家以及分析家的欲望有一个直接的定义：分析家是一个终结了自己对真相之爱的人，他放弃了"弗洛伊德的模型"，如拉康在《意大利笔记》中所言。于是，他就可以将自己奉献给转移以及转移的诱惑，但又不是一种欺骗，因为他很确定，转移中是有某种可能的出路的。这甚至不仅仅是一种可能，而且是很大的可能。倘若分析家沉沦在这种转移的假设中，倘若他继续与自知或不自知的分析者共享着这种转移，那么他就无法带领分析者走出来，于是他也就只能保证一种无穷无尽的分析，这种分析只会因为精疲力竭而结束，也不符合分析家的欲望。在精神分析的历史上，一切也就是这样开始的，即分析家受制于转移，因而开启了一段分析，但是对于这类分析家而言，有限的分析仍旧是一个谜题。这就是一个自弗洛伊德时代开始的争论，在这场争论中，分析的结束紧

---

① J. Lacan, «Raison d'un échec», *Scilicet 1*, *op. cit.*, p.46.

密地联系着分析的状态。但是，倘若分析家注意到了实在无意识的功能，那么他将不再是分析者所竭力"假设知道"的主体，于是这一事实就可以引导分析家做出某些干预。比如说，当在一段漫长的分析中，某些元素上那些不可知的享乐拒绝了一切为之赋予意义的尝试，分析家可能想起，并不是所有的实在的成分都可以通过意义来处理，于是他可能就不再会无休止地试图赋予意义，因为这种努力长期来看只会导致僵局。这时候分析家可能意识到，我的结论也在此：实在到底在哪里，这种实在不甚真实，但是构成了分析"创造真相"的界限。这也就是为何拉康提到"反精神分析"的观点，这一点我多年前也讨论过，这一观点的提出是为了让分析者不要完全被包裹在符号界当中。

第七部分
分析后的情感

一个总是会出现的问题就是，一个人在接受了分析之后还会剩下什么，尤其是关于焦虑，关于与爱及社会纽带有关的症状方面还会剩下什么，毕竟这些方面常常就是人们进入分析的原因。

显然，（分析）最终的满足感可以减缓哀伤，但是最终焦虑还会剩下什么呢？因为焦虑根本上来说，是一种联系着实在的情感。分析辞说是一个悖论，因为分析也会表明、允诺、带来一种主体性的罢免，这种罢免要么借由客体，要么借由与实在无意识有关的基本症状而实现——在这个意义上，精神分析远不是一种信念——但是它也宣称可以减缓焦虑，可以让一种野蛮的罢免变成一种具有启发性的罢免，后者是更能接受的，也能带来满足。

在焦虑这一残酷的"确定性"——这一点会粗暴地反复重新成为一个人与大他者之间关系的环境——和分析最终的分离（这种分离可以罢免主体）之间，当然存在着一片空间，这片空间里就有训练的效果。那么这是如何成为可能的呢？事实上，具有罢免性的客体本身，或者说超越了符号的实在，就会在此成为主体提出的疑问的答案。这个疑问就是主体进入分析的原因，分析工作会打开这个疑问——尽管无法借用自由联想的能指来回答这个疑问——而由能指所代表的主体仍旧是"一个存在者，其存在总是在别处"[①]。那么，其存在到底在何处呢？存在在他被罢免之处，也就是客体和实在之处，但是也正是因此，客体和实在与主体分离了开来，我们观察到，主体最终可以认同于这种实在。因此，主体的道路就是从焦虑走到拉康所谓的"对症状的认同"——认同于那个存在的症状，这也就是我们在分析结束时能实现的最好的效果。这涉及一种位置的改变，即主体相对于自身中最为实在的部分的位置，这种改变还伴随着实在所唤起的焦虑的减轻。

这并不意味着，焦虑不再存在了；只要当实在出乎意料地再次出现，并且震惊到主体，那么言在主体依然会感到焦虑——这种焦虑并不总是无意识的产物。然而，我们此时与那种外在于意义的实在的关系已经改变了。

至于爱，分析并不代表着性欲僵局的终结。分析既不能带来性关系（这是不可能的），也不能带来某种（与潜在伴侣的）相遇，因为这种相遇是偶然的，出于好运气；而且分析也不会借由某些准则来规制这些性欲。拉康曾经还警告分析家，要小心他们自己得出的

[①] J. Lacan, *Le Séminaire*, livre XX, *Encore*, *op. cit.*, p.130.

这些准则结论。当时他谈到了某种制度性的虚构——"所谓的婚姻"，拉康在 1971 年 12 月 8 日的讲座中说：

> 分析家首要的一个规矩就是要提醒自己，在这方面，（他的病人）自己就可以解决。这也是分析家在自己的实践中要遵循的路线。他没有这么说，甚至不会对自己这么说，这是一种虚伪的羞耻感，因为他相信自己必须掩盖所有这些戏剧。这是一种纯粹的迷信产物。他扮演着医生的角色。医生从不保证某种婚姻幸福，因为精神分析家还没有意识到，性关系是不存在的，于是那个处理夫妻关系的角色很自然就会缠上分析家。
>
> 所有这一切——虚伪的羞耻感、迷信、无力在这方面阐述出一个明确的规则，即我之前说过的那个规则，"让病人自己去处理"——都落入了某种误解中，即误解了分析家的经验所不断重复出来的东西（但是我甚至要说，这种经验已经在他耳边反复唠叨了），这种经验就是：性关系并不存在。①

一旦我们承认，分析家并不能去处理伴侣关系，那么问题就来了，一个有经验的主体对实在的认识是否无法改变爱情方面的事情。拉康在这一点上非常谨慎。当他提到分析家的生活方式时，他已经暗示了，分析家的欲望并不是与分析家的兴趣和情感状况无关的。

———————

① J. Lacan, «Ou pire», inédit.

何种爱

分析经验证明了性的僵局，这种经验也可以极大地减弱爱的力量。有时候，这种经验甚至会把爱的幻象化作琐碎，揭示出爱的错觉、谎言、欺骗性：爱是一种错觉，因为它并不能保证一种两人的融合，即"对于这两人来说，性不足以为伴侣创造这种融合"①，享乐拒斥着爱的有效性；爱是一种谎言，因为爱是自恋的，它以爱另一个人为幌子，掩饰着一种对自己的爱；爱是欺骗性的，因为它只是以为他人谋福祉为幌子，而谋求自身的福祉。总而言之，爱和恨是双生子。"我不爱他了"，弗洛伊德正是如此评论爱的——但仅仅针对精神病——而拉康则将爱普遍化为一种"恨爱"，这种"恨爱"对于精神病、神经症、倒错而言都是存在的。

这种揭示常常发生在爱的状态发生改变的时候，这种改变导致"我们的"爱不再是昨日之爱。我们不再有任何关于理想之爱的模型，但是我们会有复数形式的"多种爱"。在某些时代里，大他者具有一种足够的一致性，以至于可以其神话遮蔽性关系不存在这一

---

① J. Lacan, *Télévision*, *op. cit.*, p.43.

事实，因此可以将享乐以一种典型的方式与两个受制于性的存在者之间的关系坚实地扭结在一起。如今，大他者不再可以带来这种爱的扭结了，古典的同性恋之爱、中世纪的宫廷之爱及其带有珍贵之物的多种变体、经典的光荣之爱、神圣之爱，这些都不再能带来扭结了。然而，这些过去的、已经失去的经典爱的图景仍然为我们所有……但是我们已经没有对应的模板了，我认为这就是我们这个时代的特点。当代的爱成了一种被当代神话孤立下来的结果，被缩减为一种纯粹偶然的相遇。当大他者提供出一种结合的标准时，机运就成了唯一创造相遇的因素。然而我们还是爱着爱，前所未有地渴望着爱 ①，甚至当我们相爱时，我们会轻描淡写地说，我们有了一段"关系"，或者有了"事情"，无疑这是因为我们都知道，爱当中是有困苦的。

精神分析另外又撒了一把盐，这将我们带回到了一个问题，即弗洛伊德对爱这一现象的论述在我们这个世纪的回响。

精神分析确认了这种没有模板的爱——这就是为何我们情愿相信，这种爱是天上掉下来的馅饼——同时精神分析揭示出，爱伴随着非常明确的限制。这些限制就是无意识本身的限制，无意识本身的必要性，也是对于每一个主体而言那独一无二的特点，是相遇的

———————

① 1997 年的情人节为我们赢得了一场关于"一见钟情"的艺术表演，在这方面非常有启发性。

偶然性之外的另一个爱的条件。也就是说，爱或许是一种偶然，但也像一种症状一样被结构起来，因为爱完美地符合强迫性重复的特征。

　　尽管症状明确地指定了主体及其作为言在的享乐之间的关系，即一种不构成纽带的关系，但爱是一种症状，这种症状试图把前种关系和性别伴侣扭结起来。因此，拉康最终提出，女人是男人的症状，也是一种关联，这是拉康以父亲为模板建立起的一种关联，这种关联也就是症状功能的一个版本。"你是……我的症状"——这无疑是一个人在分析结束时所能说的最可靠的话，但严格地说，这个症状中那种不可知的享乐留下某种爱的可能性有多大？拉康设想了一种令人叹为观止的爱，这种爱与超现实主义者疯狂的爱不同，它既不赞美女士，也不赞美男人，这让爱切断了自我享乐的那种喋喋不休——谈爱就是一种享乐——这种爱允许我们"增添资源，无需令人烦恼的关系，我们努力实现这一点，并将爱变成某种更为有价值的事物，超过那种四处散播的闲谈，后者就像是'粪便或稻草'（sicut Palea），这正是圣托马斯在结束其僧侣生命时所说的"①。"闲谈的散播"在分析中被赋予了自由的支配权，这就是为什么离开转移可能代表着这种闲谈衰落，而更有价值的爱会出现——换言之，这

---

① J. Lacan，«Note italienne»，*Autres écrits*，*op. cit.*，p.311.

是一种不会在其客体方面有太多谎言的爱。

这种被无意识的阐明缩减为沉默的爱，能成为一种无限之爱吗？我在此要提到第十一讨论班的结尾，这一结尾常被错误地评论，使得人们相信分析会带来一种无限之爱。拉康说的恰恰相反。

在第十一讨论班的最后两页中，拉康努力将精神分析的目标与其他伦理系统的目标进行对比。拉康依次讨论了斯宾诺莎、康德，然后讨论了他们与精神分析之间的区别。这两者之间的联系是什么？这两者中都存在着与大他者的关系，尽管存在的方式不同，也正是从这两种与大他者的关系中，拉康阐述了精神分析的独特性，精神分析相反是一种与大他者的分离，即"绝对差异"。拉康说，"无限之爱的意义（可能出现），因为这种爱只有在律法的限制之外才能存在"①，正是在那种爱之处，我们发现了"绝对差异"。我们只须读一读文本就能明白，这里出现的不是无限之爱——这种爱总是致命的——而是这种爱的意义。它的意义是什么？康德的例子表明，这是一种对大他者做出牺牲的意义。在康德的例子中，我们谈论的是道德良知那如雷鸣般的声音，它命令我们牺牲所有人类情感的客体。相反，与康德相比，拉康提到的斯宾诺莎是一个例外。他异端邪说的上帝不是言语之神，他没有任何隐晦之处，斯宾诺莎将之等

① J. Lacan, *Le Séminaire*, liver XT, *les quatre concepts fondamentaux de la psychanalyse*, *op. cit.*, p.248.

同于其能指属性的普遍性，他允诺了一种与大他者的关系，这种大他者处在"智性之爱"（amor intellectualis）的高度，不需要牺牲。

"绝对差异"标志着一种与众不同的独特性，这种独特性是与大他者分离的，因而只能呼求一种有限之爱，这种有限之爱是"随和且温和的"，因为它不涉及滥用牺牲。它是对一个有限的、可命名的客体之爱。事实上，难道有人见过一段分析、一段真正的分析会将人导向牺牲形式的爱？精神分析的整个目的就是消除这种服从，从而带来分离。因此，我们有必要来论述多个分析家的聚集，这种聚集的方式在恢复了大他者的统治地位的同时并不违反精神分析的目标。这对拉康来说，就是精神分析学派的目标。

"不匹配"的主体以及社会纽带

我在这一节的标题借用了拉康的说法。当他谈到可能参与"通过"制度的分析者时，他说，"你不能谈论他们所有人"，你只能谈论一堆"散乱而不一致"（épars désassortis）①的主体。那么，它们是一堆分散的主体，还是合起来的一个集合？辞说的通常功能是借由理想和价值观创造一个互相匹配的集合——也就是我们说的主人能指。这些主人能指具有一种功能，即将各种观点、看法、意见、习惯，以及与此对应的享乐给同质化，或者至少协调在一起。相反，不匹配的主体则是一些彼此合不来的个体，就像字典告诉我们的那样，他们总是不匹配，他们只有在不和谐的标志下才能走到一起。这是否意味着精神分析与资本主义同谋，甚至恶化了后者带来的命运？——"我们都属于无产阶级"——这意味着，在这种命运中，我们所有人无法通过生产……一些接受过分析的"非社会人士"而建立社会纽带？因此，人们怀疑，分析可能会进一步加剧资本主义所产生的犬儒式的个人主义。人们甚至指出精神分析协会中的无数分

---

① J. Lacan, «Préface à l'édition anglaise du *Séminaire XI*», *Autres écrits*, *op. cit.*, p.573.

裂和充斥其中的冲突来证明这一观点，而这些分裂和冲突并非拉康派独有；因为自称弗洛伊德派的国际精神分析协会也包括许多不同的团体，它们彼此也常常无法忍受。许多人对此感到惊讶，因为他们认为分析家应该是圣人。但事实并非如此。

恰恰相反。圣人具象化了一种普遍性，只是因为他设法消除了自己的独特性，或将其提升到某种规范的水平；相反，分析家认识到了自己的独特性，他能思量他与其他所有人的差异的程度，他认同这种差异，并且他在实践中有一种非常奇怪的欲望，想把分析者带到他们自己的"绝对差异"上。

诚然，在分析家的职能中，他必须能够悬置他自身独特的欢欣、他的症状以及后者引起的所有个人判断。这种悬置是弗洛伊德所说的仁慈的"中立"的条件，理想情况下，这能让分析家在没有先入为主的观念、偏见或价值判断的情况下与每一位分析者会面。然而，我说的是"理想情况"，因为所谓的弗洛伊德派有时在这方面并不理想，他们经常公然去遵循各种关于婚姻生活、异性恋、生育等方面的规范。无论分析家在实践中必定要去承担什么责任，我们在这里提出的问题并不在此：这涉及接受分析的主体在其社会纽带中的立场；这涉及我们是否清楚，分析给分析者带来的内容是否改变了他与其他人的关系——换句话说，我们要搞清楚，基于分析行动的伦理学是否产生了在分析辞说之外的影响，如果产生了这种影响，又是如何产生的。

拉康在他命名为"精神分析行动"（L'acte analytique）的讨论班中，于总结的部分提到了一个说法，即一段分析的"犬儒式资产负债表"。但他并没有因此指明主体在分析结束时的位置，而只是洞察到了言在主体那特殊享乐的地位，而这种享乐只建立在客体 a 和症状的基础上。这种洞察并不能让我们知道，这种享乐对主体有什么作用。

此外，有一出戏剧动摇了"分散而不匹配的主体"所构成的联合体，这出戏剧非常真实，它对应着分析群体特有的疑难。因为只有分析群体具有这种疑难。只要成了分析家，那么他们就不可能组成一个团体。分析辞说构成的社会纽带将他们与他们的分析者联合在一起，但除此之外，分析家还剩下什么？但对分析者来说，情况并非如此，他个人的体验的确是独一无二的，但这种独一无二也绝非他个人仅有；他可以与其他成了朋友的分析者交流，向他们吐露心声，或倾听他们的故事，从而表露内心。但分析行动极为孤立，这种行动与其他任何行动都不同。一方面，这种行动将分析家聚集在一起，另一方面，他们是"一群不能相互交谈的知识的学者（savants）"①，这种知识决定了他们的行动，但我们无法对这

---

① J. Lacan，«De la psychanalyse dans ses rapports avec la réalité»，*Scilicet 1*, *op. cit.*，p.59.

种知识进行阐述。因此，分析辞说并未言明分析家在群体中的角色，人们对分析家在群体中的角色的想法会陷入一种"社会性表演"（simagrée sociale）① 以及随之而来的身份认同。那么，由于没有一个能指可以定位分析家，我们剩下能给分析家的就是一些非常无耻的名字了，比如"转移陷阱"，或者这些"无耻之徒"互相竞争，每个人都说"我在这里"。甚至，这些"无耻之徒"有时候还在大学里占有一席之地，或者著书言说的权利，然而这些并不能改善这种情况。正是为了反抗这种地狱般的逻辑，拉康萌生了创建学派的想法——学派既不是一个所有想加入的人都能加入的学会，也不仅仅是一帮分析家构成的群体——这个学派旨在成为一种"反-群体"（contre-groupe），但是学派的最初框架创造了一种对于精神分析的转移，这种框架甚至填补了我提到过的那种"肮脏"。

然而，无论各种精神分析协会有怎样的考验和磨难，它们都不能让我们预测接受分析的主体在爱情、友谊、家庭等普通社会纽带方面将采取的立场。在这一点上，我们不需要去阐述某种行为准则，甚至规则，因为这些准则或规则，比如规范和统计数据是从哪里来的？拉康提到了分析家的生活方式，但肯定不是为了把我们引向这个方向。

---

① J. Lacan，«Discours à l'EFP»，*Scilicet 2-3*，*op. cit.*，p.23.

在分析中瞥见一个人的独特性和无意识的不可缩减性，也就是瞥见一种确切的知识和同样确切的非知识的混合体，那么结果会是如何呢？结果就是分析开辟了多种多样的道路。根据分析者在分析中所认识到的，正如拉康所说："他将能够为自己创造一条行为准则。这种准则不只一个，甚至是一堆准则……"[①]这有助于防范一种"良好思维"，即分析后的规范，各种团体很容易隐藏这种规范，而且这些规范是根据时代的不同而不同的。随着时代的不同，人们可能会赞扬那种怀疑一切、对一切都无动于衷的分析家；也可能赞扬那种为了分析事业而积极活动的好战分析家；也可能赞扬那种"开放"而宽容，对教条显得无动于衷的分析家；也可能赞扬那种"不完整"，追求爱的分析家。对此，我们怎能不觉得可笑？

但是，在这些对分析家形象的不同看法中，真正事关重要的一点是什么？是面对接受分析的主体的享乐时所采取的立场。分析者从导致他们进入分析的症状的桎梏中摆脱出来，他们在分析中清算了在这些治疗效果之外不断书写的重复和症状，也清算了那种不断书写的性关系，之后他们能利用这些有限的自由做些什么呢？既然性关系并不存在，那么分析者会走上犬儒式的道路，并沉溺于自己的基本症状吗？我们要阐明这一点：人们会害怕那种肆无忌惮地追

----

① J. Lacan，«L'étourdit»，*Scilicet 4*，*op. cit.*，p.44.

求享乐的分析家，那种分析家什么都敢做，不会考虑任何人，而我们必须保护那些潜在的分析者，不让他们去找这种分析家。我们在任何地方，在更大的公众舆论中，在分析学会之间的争论中都会听到这种说法，这些争论显然被弗洛伊德和拉康这两个例外形象两极分化。与其说这是一种害怕，不如说这是一种信念。我们无须去问这是不是一种投射，这种提问没有什么意义；相反，我们可以想起，一个什么都敢做的人，这种形象就是一个幻想，这种希望获得那种无限之享乐的人，总会遇到结构内在的障碍，不论他知道与否。这就是拉康在《精神分析的伦理》中展示出来的：我们不支持任何僭越。威廉·莱希（Wilhelm Reich）在这方面尤为有趣——他相信，精神分析的道路指向一种不受限的享乐，此人被其协会所制裁，而且此人也为这样一个妄念付出了更为个人的代价。分析警示着，这些障碍都是不可跨越的，任何一个接受了这种警示的主体还会想着去跨越那些障碍吗？这当然就是矛盾性的。

然而，对于人们在与客体 a 相关的有限享乐中所认识到的一些知识的利用有几种不同的可能性。通常，正是这种享乐"支撑着最有效的现实化以及最引人入胜的现实"[1]——换言之，它支撑着工作计划和爱情相遇。摆脱了症状障碍之后，一个人的工作和爱的能力

---

[1]　J. Lacan, «Note italienne», *Autres écrits*, *op. cit.*, p.310.

就恢复了，正如弗洛伊德所说，接受分析的主体可以更有效地利用"犬儒式资产负债表"，即将之用于拉康所谓的家族谱系 ①——主体在其中的个人地位——或个人晋升的阶梯（l'escabeau）上，拉康在论述乔伊斯的讨论班第二讲中的说法就是如此。事实上，我们观察到，分析远不是创造了一种非社会的存在者，而是为接受分析的主体打开了一个新的领域，他在这个领域可以有效地实现他的野心。此外，分析除了在存在者之间的根本差异中进行调和之外，还为爱和友谊的纽带提供了新的资源，在一定程度上将人们从对"理想对象"的痴迷中解放出来，让他们可以去寻找与自己相似的人。

对于任何一个接受过分析的主体来说，上述可能性都是开放的，那么基于这些可能性，哪些具体的选择值得分析家去欲望？他会把毕生精力投入他所从事的分析中吗？是的，当然，他至少会这么做；但这就是全部吗？精神分析中的某些东西取决于我们所谓的传递和教学，至少是尽我们可能去做……而这种教学和传递的决定因素就在于"分析性言说"（le dire de l'analyse），这种"言说"外在于分析构成的社会纽带。精神分析，就像任何其他辞说一样，依附于拉康所谓的"一种言说"，即分析辞说的创造者。在结构主义的顶峰时期，米歇尔·福柯（Michel Foucault）已经理解了这一

---

① J. Lacan，«Note italienne»，*Autres écrits*，*op. cit.*，p.310.

点，只要我们看看他 1969 年的演讲《什么是作者？》就会明白。这就是为什么拉康在构建他所区分的四种辞说时，给每一种辞说都添加了一个人物的名字：莱库古（Lycurgue）代表主人辞说，查理曼（Charlemagne）代表大学辞说，苏格拉底（Socrate）代表癔症辞说，弗洛伊德代表精神分析辞说。要使辞说中的变化得以发生，我们就必须有一个言说者，它把主人能指、知识、被划杠的主体、客体 a 放置在施动者的位置。因此，每一种新的言说，都承诺着新的事物，而又有一种新的爱对应着这种新言说。

关于分析家生活方式的问题并不涉及他们的日常生活，他们的日常生活与其他人的没有任何不同；这一点非常明显——我们只要去看看他们的日常生活就会明白。即使是他们日程安排上有些疯狂，这也证明不了什么，因为这个问题涉及一种言说的层面，即这种言说是否可以让分析辞说存在的层面。

尽管这种说法是偶然的，但它不应该被认为是完全自由的。这就是我对拉康在《眩晕》中所说的话的理解，当时他提到在分析的结束时要采取的行动路线，他认为这种行动路线要基于不同"说法"的类型，这些类型与享乐的三种障碍相关：不可能、美、真相。然而，这并不是他在这个问题上的最终定论。拉康在《意大利笔记》中强调，我们必须建构知识才能使分析继续"在可见度上有所提升"。这篇文章有点不同，但它和上一篇文章一样，也涉及与

"言说"有关的一系列行为，以及在当时那个时代，这种"言说"能从精神分析经验中所获得的东西。我们可以看到，坚持这种分析性"言说"，也就意味着不需要去节制，这一点常常可以由临床工作所证明——尽管，"言说"可以是沉默的——也不呼吁某种形式的制度上的激进，这种激进的效果在知识层面的影响总是形式化的，并且它与那些老套的陈词滥调也不相容。

第八部分
结 论

在此，我要来总结我们本书的思想脉络。拉康关于情感的临床理论建立在无意识语言的主导性上，后者在享乐上带来了丧失，从而带来了一种永不能满足的对爱的要求——换言之，一种无止境的重复。反过来说——根据对于症状的检视，即在症状中，知识在没有丧失的情况下被享乐——拉康对于情感的理解最终走向一个结论，即情感成了一种信号，这种信号揭示了啦啦语中未知的知识。这些症状可以被称为实在的，因为它们外在于意义，而对这种实在的唯一定义就是"排除了意义"。不论我们谈论的是无意识中的知识，这种知识就是享乐失败（享乐的缺失）的原因，还是谈论啦啦语的无意识中被享乐的知识，在这两种情况中，言在主体都受到无意识知识的影响，而我们想知道，分析如何对这种知识产生干预效果。对于前者，我的期待是，我们能以一种凝缩的形式如此描述：这是一种"阉割的假设"，拉康在他教学的一开始就提出了这个说法，但是这个说法其实就是从弗洛伊德那里来的。1977 年，拉康再次提到了这个说法："简而言之，只有一件事是真的，那就是阉割。"① 这种阉割就是与结构相关的知识中所暗藏的内容，同时这种知识也和结构所掌控的命运（Ananke）有关，后者是弗洛伊德的说法。而对于后者，我的期待是，在导致性关系不存在的症状这一层面，问题是没有定论的。事实上，这是一种在绝大程度上都未知的知识，这种啦啦语的知识并不能被完全解析，它的整体状况如磐石般坚固，因此这种知识对于精神分析实践的结果来说也是必不可少的。

---

① J. Lacan, «L'insu que sait de l'une-bévue s'aile à mourre», Paris, Éd. de l'ALi, 1998, p.108.

知识的限度

此外，拉康在 1977 年再一次明确地阐述道："总的来说，S1 只是知识的开端；但是知识总是局限在这个开端，正如他们所说的，知识绝不会试图走向别处。"[①] "S1 的出现是 S2 的保证"[②]，但是也仅仅只是一个保证。真相的半说是语言结构所带来的必然结果。在真相中，任何知识的阐述都代表着一种缺失的再度出现，这一观点可以追溯回拉康早期的思想，甚至可以回溯到弗洛伊德的思想根源，即原初压抑铭刻进了波罗米结中，成了一个符号界中的洞。我们试图用上帝的名字和形象来填补这个洞，"人身上的原初压抑"[③] 与话语的宗教特征不可分割，也与怀疑，甚至恐惧不可分割，于是精神分析就成了一种"欲望的宗教"。因此，此处的新观点并不在于认为无意识知识超出了主体。对我所提到的这种知识的新定义涉及一种从啦啦语中抽取出来的元素，这种元素被意义之外的享乐，即依附

① J. Lacan, «L'insu que sait de Pune-bévue s'aile à mourre», Paris, Éd. de l'ALi, 1998, p.104.
② Ibid., p.106.
③ C. Soler , «L'exit de Dieu, ou pire», Champ lacanien, Revue de l'EPFCL-France, n° 8, 2010.

于啦啦语的享乐所实在化了。于是，关键的问题就成了，精神分析如何在这个层面命中靶心。在这个层面，倘若我问："我能对此知道些什么？"答案必定是：没有什么确切的内容，因为啦啦语的效果是非结构性的、实在的，它超出了我，而被解析的无意识永远只是一种假设。

这让我想起了，拉康其实强调了那个具象化为"一"的啦啦语本质上的"不确定性"。这些"一"固化了享乐的核心，也就是我们每个人的独特之处，但是解析者无法知道，这个核心到底是"音节、语词、句子、还是整套思想"[①]。我发现，这一系列说法其实描绘了不同类型的症状。因为，倘若这个核心是一整套思想、一整套辞说，那么它就是一个与享乐相关联的"一"，这个"一"——除了其形式元素和享乐之外——包含了想象的身体以及啦啦语在此引入的愚蠢表象。因此，它就是一个"一"之结，换言之，是一个波罗米结症状。倘若这个核心是一句话，比如"一个孩子在被打"，这一句话构成了"一"，那么它就被固化（fixion）（总是伴随着一个未知的 X）在身体与身体之间的相遇上，但这种相遇并不一定是生殖性的。最后，倘若这个核心是一个被享乐的音节，那么它就只会留下一具想象的身体，并把他者的身体排除出去，换言之，这时出现的就是自

---

① J. Lacan, *Le Séminaire*, livre XX, *Encore*, *op. cit.*, p.131.

闭症。因此，我们再次发现了先前讨论过的内容，只是这次是从完全不同的方向来谈论的，这个内容就涉及两种症状的区别，前者联系着自闭症式的享乐，后者是一种更为社会化的波罗米结症状。

尽管这种与啦啦语有关的知识是未知的，但它却可以被其显现之物所证明。也就是说，它是通过基本症状核心的固化而显现的。我们可以明显地看到这种趋势：即便我无法解析它或者理解它，但是它也可以在一切我与同伴的关系中呈现出来，并被体验到。这涉及一种永恒的不可知的享乐，这种享乐是不证自明的——这也就是为何拉康提到了其字母。这种享乐不能和那种重复的必然性混为一谈，后者在重复，但绝不是每次都完全一样。我们可以通过检视主体的神秘情感来捕捉前者。于是，对精神分析家的知识的定义就会发生变化，因为分析家必须知道，啦啦语中存在着一种对享乐产生影响的知识，但这种知识无法被知晓，它也没有提供任何知晓的抓手。这再一次提出了一个问题，即分析中是什么在起作用，尤其是在分析最后的阶段，以及带领我们走到最后阶段的那种解释中。有一点毫不令人意外，拉康用波罗米结的图示取代了语言学模型和解析与意义的配对模型，前者难以寻觅参照物，而后者则把参照物放在了实在的范畴中。但是，难道我们必须要说，这种实在超出了言语和语言的实践吗？

诗意的解释

拉康在求助数学式之后，最终转向了诗歌的模型，诗歌的神秘程度不亚于被享乐的知识，但两者不在同一层面上。整个无意识，无论我们将其视为真相还是实在，都是语言的效果，就像一首诗一样。因此，无意识是一首诗，而诗意的解释能让我们对无意识产生的效果造成影响。

"我是一首诗，而不是诗人。"拉康在1976年的《第十一讨论班英文版序言》中如此说。他当时说的是他自己，但这句话也适用于我们每个人。我所是的诗，并不是我写的，而是用我的"言说"写的，它构成了我；正是由于分析，我可以在这首诗上签名。这可能是对"通过"的一种定义。我必须在上面签名，即使我手中的这部分诗并不完整，因为啦啦语的效果不受我掌控。我所签上名的那首诗，只是一些我设法破译的残片。给一首诗签名或认同症状是两个等价的说法，两者都用来代表主体的某个位置，这个主体已经认识到了自己的实在——换言之，认同了那种他无法认识的享乐，但这种认同与对他那不可改变的无知的认同是同样重要的，这种无知也就是，当他离开分析时可以说："我不知道。"在这个意义上，我们可以说此时的主体是无信仰的，因为他给自己所是的那首诗签了名，也因为他不会什么都知道。

但为什么是一首诗呢？因为诗本身就是将真相和意义扭结在一起的东西。诗歌运用了啦啦语中的模棱两可，诗文与享乐着的身体产生了共鸣，如同最早的啦啦语所产生的共鸣一样；但诗歌的"言说"——正如拉康所言，这种言说是最不"愚蠢的"——在意义之上有了增添，甚至创造了与所谓的常识截然不同的新意义。诗歌的"言说"，如同分析者的话语一样，把语言的意义效果和语言的意义之外的享乐效果扭结或捆绑在一起。诗歌与拉康所说的圣状是同质的。这种像一首诗一样的圣状（sinthome poème），我们可以说它本身就是实在的，因为这种"言说"在任何一种情况下都扭结了意义和意义之外的实在，它本身就是存在性的。对此，拉康说，"这里涉及的实在，就是整个扭结"①。我们看到了"实在无意识"这个说法是模棱两可的，因为它既代表着"圣状之言说"的效果，即波罗米结，也代表着实在中符号作为症状的存在，即自闭症。

后者体现在我所说的"显灵"（épiphanies）中，这是我从詹姆斯·乔伊斯那里借用的一个词。在波罗米结展开后，自闭症被写在符号与实在之间的生物领域中，也就是符号被实在化之处。我称之

---

① J. Lacan, «L'insu que sait de l'une-bévue s'aile à mourre», *op. cit.*, p.92.

为自闭症，因为它除了自己的享乐之外没有同伴。停留在享乐中的症状就基于啦啦语的化身，这种症状被享乐着，也在享乐着，它不向任何人要求任何东西。实在无意识有别于作为真相的无意识，它没有带来由原初压抑构成的洞，即使它本身就是被刺穿的，因此它只是一种无神论的无意识。我们不能说实在无意识是一首诗；相反，它外在于诗歌。此外，让我强调一个重要的观点：拉康也在犹豫，他一开始把实在无意识描绘成一种实在的溢出，这种溢出进入符号界的洞中。之后他纠正了这一点。我相信他这样做是因为符号界的洞中是上帝的名字，而分析的结束是症状这一宗教的终结，这种宗教让我们相信症状是有意味的，是可以传递意义的。正如我在第五部分中所说，分析会产生出不信者。

　　说起实在无意识显现出来时，我其实搁置了一个问题，即分析是否可以影响到实在无意识。分析无疑可以影响圣状或诗，因为分析的"言说"可以在意义效果的层面为此带来改变——这就是我们通常意义上所谓的疗效——并且改变意义和实在之间的关联。拉康走得更远，甚至在寻找意义效果的实在方面。那么当我们考虑到症状的时候，"意义之外那不可知的享乐"到底涉及什么呢？对于核心症状那不可知的维度，即拒绝一切意义效果的维度，分析能否让我们感知到它呢？而且我们不要忘了，这种感知必然不是一种"知晓"。

在这种情况下，分析家的唯一武器就是啦啦语。这不是一种语言学意义上的语言，它没有隐喻和换喻，语言学意义上的语言只是带来了"声音和意义之间的紧密联结"①，从而创造出"享-义"。但是，啦啦语反而要在声音和意义之间"去联结"，从而"让另一些东西、意义之外的东西开始回响"②。我在此要提到一位诗人伊夫·博纳富瓦（Yves Bonnefoy），他在论述童年经验时证明了这一点，他说道："我们如何保存最初的体验？在我看来，甚至主要的方式就是，我们通过对词语声音的感知来实现，即感知词汇声音本身，每一种声音都超出了所指，我们概念化的思想借助这些所指而遮蔽了其中蕴含的某种存在，即这些所指之名的存在。"③ 在这种联结中，拉康并不是在谈论普遍意义上的诗歌——如果我们要相信他，那么那就不是一些令人昏昏欲睡的诗歌，而是具有独特性的中文诗歌。根据程抱一（1991）的说法，他曾与拉康一起多年扑在中文诗词的研究上④，当时他们还在一起阅读《道德经》的第一章，拉康提出要将中文的"道"翻译为"声音的游戏：道就是音"⑤。拉康在1976年的讨论班"无意识的失败即是爱"⑥ 中再次强调了这一点，他当时提

---

① J. Lacan, «L'insu que sait de l'une-bévue s'aile à mourre», *op. cit.*, p.119.
② *Ibid.*
③ 2010 年 11 月 12 日《书籍世界》（*Le Monde des livres*）引用的采访内容。
④ 参见网站：www.lacanchine.com。
⑤ 译者注：法文中，"道"（Voie）和"声音"（Voix）是同音的。
⑥ J. Lacan, «L'insu que sait de l'une-bévue s'aile à mourre», *op. cit.*, p.119.

到了程抱一的一本书——《中国诗画语言研究》（*L'écriture poétique chinoise*）。此外，我们还发现，拉康 1976 年的讨论班标题有刻意的错误拼写，即以一种扰乱能指的方式书写的，这明显是为了呈现出，听到的声音和意义之间是分离的。

在此，我们要注意到微妙之处，拉康援引中文诗歌只是因为这些诗歌不同于我们西方的诗歌。"并不是诗文被书写了出来，而是身体的回响被表达了出来。"拉康如此说道。将诗歌定义为"身体的回响"，也就将诗歌定位在了实在症状的同一层面，但是诗歌并不是写出来的，而是一种回响。拉康认为中文书写极为重要，但是他在这一讨论班提到中文诗，只是因为他从程抱一那里学习到，中国的诗人不同于我们西方的诗人，他们不只是书写，他们还会咏叹："咏叹就像是被唱出来一样。"我们在此无须深入谈论中国以及中文诗中这种咏叹的重要功能，因为它无法被转译为我们的语言。我们应该注意到，拉康受到了支持，从而相信自己找到了其论点的证据，一种音韵的声音是模糊的啦啦语能够回响的必要条件，这种模糊性就是在症状中隐藏的部分，但是我们并没有注意到它。更早之前，拉康就已经提出了一个问题，是解释中的能指还是解释的声音带来了解释的效果。仿佛这种声音的咏叹——区别于中文中的音调，音调带来了能指元素的认同——再一次与啦啦语最初的咏叹共鸣了，而最初的咏叹使得词语和身体相遇的时候，身体产生了回响。

这种言在主体与不可信之物最初的相遇，使得主体本身成了啦啦语的孩子，而不仅仅是某种亲戚。然而，正是因为主体接收到了啦啦语，并且啦啦语成了他自己的啦啦语，主体实际上就进入了共享的经验中，啦啦语正是从中生长出来，这个过程就是通过将从这些经验中获得的语词痕迹安置起来而实现的。因此，我们就有希望"抓住"（ferrer）分析者所具象化的啦啦语。在法语中，抓住与"创造实在"（faire réel）① 是谐音的，但分析整体上是试图"创造真相"（faire vrai）。创造实在相当于不要停留在诗歌的意义层面上，而是要把握诗歌的"空洞效果"②，也就是"洞穿意义"的效果，也就是其实在的效果。除了这种希望之外还有其他希望吗？拉康自己并没有对此吹嘘，相反他叹息自己不够"诗意"（pouâteassez），但是他还是给我们指了一条路。

剩下的一个事实就是：结构给走向旅途终点的主体带来了一个可能的选择——他要么签订那沉默的实在，这种实在是"一切真实的悖反"③，它与主体性真相没有什么关系，反而是在关闭主体性真相；他要么透过一种信念的复苏而进入这种空洞的诱惑，并且让语词填充这种空洞。分析行动总是会伴有一些结果。精神分析和科学

---

① J. Lacan，«L'insu que sait de l'une-bévue s'aile à mourre»，*op. cit.*，p.114.
② *Ibid.*，p.130.
③ J. Lacan，«Préface à l'édition anglaise du *Séminaire XI*»，*Autres écrits*，*op. cit.*，p.571.

的区别就是在此呈现出来的。科学家可能是一个信念者，只要他完全相信科学知识，因为这种信念不会改变他的科学实践，甚至他的焦虑也不会阻碍他的信念。我们可以在发明原子弹的过程中看到这一点，我们今天也可以在生物学的进步和其伦理委员会的无力中看到这一点。在精神分析中，情况就不同了。我刚刚提到的选择涉及分析者最终的立场，这也就是一种在洞之宗教和实在之无神论之间的选择，这种选择势必会对他的实践造成后续影响，前提是他开始作为一名分析家而去实践。更准确地说，这会对他的解释方式造成后续影响。根据后者是否触及了意义之外的实在，而不仅仅是欲望的意义，这位（成了分析家的）分析者会或不会进入精神分析的宗教维度。那么，他为什么不进入呢？他不应该进入，因为精神分析的宗教维度势必与那些已然存在的、更为集体化的宗教有所关联，后者不那么要求主体的努力。而精神分析维持自身独特性的唯一方法，就是将自身的实在与科学化文明的实在并置在一起，精神分析的实在是给予每一个言在主体其独特性的实在。这项任务不能被推到遥远的将来，让那些追随者去承担——这项任务就在当下。

致　谢

感谢广州医科大学附属脑科医院、广州市心理卫生协会、法国EPFCL精神分析协会、法国巴黎圣安娜医院精神分析住院机构的鼎力支持，造就了如今朝气蓬勃的精神分析行知学派。

自 2015 年以来，弗朗索瓦丝·格罗格（Françoise Gorog）女士、让-雅克·格罗格（Jean-Jacques Gorog）先生、马蒂亚斯·格罗格（Mathias Gorog）先生、吕克·弗雪（Luc Faucher）先生等法国同事不远万里来到中国，萨拉·洛多维齐-斯鲁萨齐克（Sara Rodowicz-Ślusarczyk）女士、乔莫斯·维吉尔（Ciomos Virgil）先生、马内尔·雷博洛（Manel Rebollo）先生等欧洲同仁通过线上研讨会，持续地为我们提供理论教学和临床训练，感谢他们的辛勤付出。

感谢广州医科大学附属脑科医院的各位领导，尤其是临床心理科的主管院长何红波先生，临床心理科的彭红军先生、郭扬波先生、徐文军先生以及各位同事。他们既从政策上支持着精神分析行知学派的发展，又为我们提供了许多宝贵的建议。

最后，感谢精神分析行知学派的同事们、成员们。能和大家一起为拉康派精神分析并肩作战，不胜荣幸。可以说，没有大家的共同努力，就没有眼前的行知丛书。

Les affects lacaniens © PUF/Humensis, 2011

著作权合同登记号桂图登字:20 - 2022 - 238 号

图书在版编目(CIP)数据

拉康派论情感/(法)克莱特·索莱尔(Colette Soler)著;吴张彰译.—桂林:广西师范大学出版社,2023.5
(拉康派行知丛书)
ISBN 978 - 7 - 5598 - 5813 - 9

Ⅰ.①拉… Ⅱ.①克… ②吴… Ⅲ.①拉康(Lacan, Jacques 1901 - 1981)-情感-哲学-研究 Ⅳ.①B565.59

中国国家版本馆 CIP 数据核字(2023)第 024924 号

拉康派论情感
LAKANG PAI LUN QINGGAN

出 品 人:刘广汉
策划编辑:周 伟
责任编辑:李 影
装帧设计:李婷婷
广西师范大学出版社出版发行

(广西桂林市五里店路9号   邮政编码:541004)
(网址:http://www.bbtpress.com)

出版人:黄轩庄
全国新华书店经销
销售热线:021 - 65200318 021 - 31260822 - 898
山东临沂新华印刷物流集团有限责任公司印刷
(临沂高新技术产业开发区新华路1号 邮政编码:276017)
开本:890 mm×1 240 mm   1/32
印张:7.75   字数:150 千字
2023 年 5 月第 1 版   2023 年 5 月第 1 次印刷
定价:58.00 元

如发现印装质量问题,影响阅读,请与出版社发行部门联系调换。